Leonardo Boff
Gott kommt früher als der Missionar

Leonardo Boff

Gott kommt früher als der Missionar

Neuevangelisierung für eine Kultur des Lebens und der Freiheit

Patmos Verlag
Düsseldorf

Die Originalausgabe dieses Buches
erschien 1990 unter dem Titel »Nova Evangelização.
Perspectiva dos Oprimidos« bei Editora Vozes, Petrópolis.
Aus dem brasilianischen Portugiesisch übersetzt von Horst Goldstein.

Die Deutsche Bibliothek – CIP-Einheitsaufnahme

Boff, Leonardo:
Gott kommt früher als der Missionar :
Neuevangelisierung für eine Kultur des Lebens und der Freiheit /
Leonardo Boff. [Aus dem brasilian. Portug. übers. von Horst Goldstein]. –
2. Aufl. – Düsseldorf : Patmos, 1992
Einheitssacht.: Nova evangelização ‹dt.›
ISBN 3-491-77040-8

 2. Auflage 1992
Umschlaggestaltung: Peter J. Kahrl, Neustadt/Wied
Gesamtherstellung: Bercker GmbH, Kevelaer
3-491-77040-8

Inhalt

Einleitung
Eine Schuld lastet auf Lateinamerika:
Die neue Evangelisierung 11

I.Teil
Evangelisierung aus der Perspektive der unterdrückten Kulturen

I. Kulturen, Akkulturation, Enkulturation, Inkulturation und Zivilisation: semantische Abgrenzungen . . 21

II. Realität und Mythos der lateinamerikanischen Kultur und ihres katholischen Unterbaus 29

III. Christentum in den Kulturen Lateinamerikas . . . 34

IV. Was ist das Evangelium angesichts der Kulturen und Religionen? 41
1. Kulturelle und theologische Bedeutung der Religionen 42
2. Vier Bedeutungen von Evangelisierung 45

V. Kulturen assimilieren das Evangelium 52
1. Verkürzende Aneignung des Christentums 54
2. Paradigmen integraler Evangelisierung 59

VI. Christliche Hindernisse für die Inkulturation des Evangeliums heute 61
1. Das Christentum in den Augen der Nichtglaubenden 62
2. Das Christentum in den Augen der Glaubenden . . 63

VII. Die Kirche muß von den Kulturen evangelisiert werden 67

VIII. Herausforderungen für die Evangelisierung der Kulturen in Lateinamerika 72
1. Perspektive von der Basis: von den Kulturen der Unterdrückten und Verrandeten her 72
2. Punkte der Herausforderung für die Evangelisierung heute 77
a. Die Weltebene 77
b. Die Ebene Lateinamerikas 77
aa. Wirtschaftliche Ebene: Arbeit 80
bb. Politische Ebene: Partizipation 80
cc. Symbolische Ebene: Utopien der Freiheit 81
dd. Kirchliche Ebene: Kirche als Gemeinschaft 81
ee. Personale Ebene: der integrierte Mensch 82
ff. Pädagogische Ebene: der Mensch im Dialog 82

II. Teil
Mindestinhalt der neuen Evangelisierung

I. Von einer kolonisierenden zu einer befreienden Evangelisierung 86
1. Die der kolonisierenden Evangelisierung zugrunde liegende Theologie 88
2. Die der befreienden Evangelisierung zugrunde liegende Theologie 90

II. Der dreifaltige Gott kommt immer früher an als der Missionar 93

III. Das ewige inkarnierte und auferstandene Wort ist stets in den Kulturen wirksam 95
1. Drei Dimensionen der Inkarnation 97
2. Jesus der Evangelisierende: Paradigma jeder Evangelisierungspraxis 99
a. In seiner Praxis geht Jesus von der Wirklichkeit des Volkes aus 100
b. Die kontemplative Sicht Jesu 102

c. Die Armen als Erstadressaten 102
d. Lösung dramatischer Situationen 104
e. Die Methode gehört zum Inhalt der Evangelisierung 104
3. Das Konfliktpotential im Prozeß der Evangelisierung 106

IV. Der Heilige Geist: Gottes Phantasie in den Kulturen . 108
1. Der Geist als Prinzip lebendiger Transzendenz . . 108
2. Der Geist bricht Institutionen auf und führt Neues ein 109
3. Der Geist als Prinzip der aktualisierenden Umsetzung der Botschaft Jesu 110
4. Der Geist als Prinzip der Befreiung der Unterdrückten 111

V. Schritte zu einer Kirche mit mestizischen Zügen . . 112
1. Evangelisieren, um Gemeinschaften des Glaubens zu schaffen 113
2. Die Gemeinschaft feiert ihren Glauben und ihr Leben 114
3. Gemeinschaft des Lebens, der Dienste und der Ämter 114
4. Gemeinschaft im Dienst an umfassender Befreiung . 115

III. Teil
Die befreiende Methode Unserer Lieben Frau von Guadalupe
Das amerindianische Evangelium

I. Die Sackgasse der ersten Evangelisierung: Kein Dialog mit der Religion der Ureinwohner . . . 120
1. Das Requirimiento: Werkzeug zur Unterdrückung der Ureinwohner 126
2. Die Bulle des Papstes: Werkzeug zur Befreiung der Ureinwohner 127

II. »Land des Wahren Friedens«: Die friedliche Evangelisierung des Las Casas 131

III. Die befreiende Methode der dunkelhäutigen Mutter Gottes 136
1. Der Dialog, der zwischen Evangelium und einheimischer Religion fehlte 136
2. Vom Zentrum an die Peripherie 139

Schluß
Gemeinsam eine Kultur des Lebens und der Freiheit schaffen 143

Wehe uns! Trauern laßt uns – darüber, daß sie gekommen sind!...

Christianisiert haben sie uns, doch wie Tiere haben sie uns verschoben von einem zum anderen Herrn...

Erst durch die verrückte Zeit, die verrückten Priester nistete sich bei uns die Traurigkeit ein, kam das Christentum zu uns. Denn viele Christen kamen hierher mit dem wahren Gott. Nur, das war der Beginn unseres Elends, der Beginn der Abgabepflicht, der Beginn des Almosens, der Grund für die verdeckte Zwietracht, der Beginn der Kämpfe mit Feuerwaffen, der Beginn der Gewalttätigkeit, der Beginn der Beraubung von allem, der Beginn der Versklavung aufgrund der Schulden, der Beginn der Schulden, für die wir auf unseren Schultern gezüchtigt werden, der Beginn des ständigen Streits, der Beginn des Leidens. So also fing das Werk der Spanier und der Priester an; so fingen sie an, die Häuptlinge, die Schulmeister und die Aufseher zu gebrauchen...

Sie haben uns die Angst gelehrt; sie sind gekommen und haben die Blumen welken gemacht. Damit ihre Blume leben könne, zerstörten und verschlangen sie unsere Blume...

(Chilam Balam de Chumayel)

Der beste Dienst an unseren Geschwistern ist eine Evangelisierung, die sie befähigt, sich als Kinder Gottes zu verwirklichen, die sie von den Ungerechtigkeiten befreit und sie ganzheitlich fördert.

(Beschluß der Bischofskonferenz
von Puebla [1979] Nr. 1145)

Einleitung

Eine Schuld lastet auf Lateinamerika: Die neue Evangelisierung

Lateinamerika hat es heute mit vielerlei Schulden zu tun.[1]

Wirtschaftliche Schuld: Milliarden von Dollar muß Lateinamerika jährlich an die großen Finanzgruppen zahlen. Der Preis dafür ist eine extreme Belastung für das Volk, das heißt: die soziale Verarmung. Diese Schuld muß überprüft werden. Sie darf weder in ihrer ganzen Höhe gezahlt noch neu festgesetzt werden.

Politische Schuld: Wir haben gesellschaftliche und politische Strukturen, die institutionalisierte Gewalt bedeuten, insofern sie die Kleinbauern und Landarbeiter marginalisieren, das Kapital bevorzugen, die Arbeit belasten und die vielen – insbesondere den Armen, Minderjährigen, Schwarzen und Indianern – zustehenden Menschenrechte verletzen. Diese Schuld wird Lateinamerika erst dann gezahlt werden, wenn die Herrschaft des Kapitals unter Kontrolle kommt und sich bei uns eine echte Demokratie entfalten kann, in der die Mehrheit Berücksichtigung findet, das arme Volk zum Zuge kommt und alle teilhaben und mitbestimmen können.

Kulturelle Schuld: Die Kultur der iberischen Invasoren zerstörte die Zeugnis-Kulturen der Ureinwohner bzw. unterwarf sie zersetzenden Formen eines Widerstandes durch Synkretismus und verursachte den Menschen bis auf den heutigen Tag ein Trauma. Einzig durch Hochachtung und Unterstützung dieser Kulturen der Ureinwohner, der Schwarzen, der Mestizen und der Armen insgesamt werden wir diese Schuld, teilweise, abtragen können.

Anthropologische Schuld: Die Kolonisierung brachte den Körpern Unterwerfung und den Seelen Eroberung, weil sie, die anderen, nicht als andere anerkannt wurden. Die anderen wurden mit Gewalt europäisiert; und es gab weder Erziehung noch

[1] Vgl. dazu: *J. Ramos Regidor*, 500 anni d'invasione dell'America Latina, in: Emergenze, Juni 1988.

Katechese ohne einen Prozeß der Anpassung an die Kultur der Unterdrücker. Diese Schuld wird nur beglichen werden können, wenn die anderen in ihrer Existenz, in ihren Werten und in ihrer – mit jeder anderen Kultur vergleichbaren – Würde anerkannt werden.

Ethisch-religiöse Schuld: Als ein Ensemble von armen Ländern existiert Lateinamerika nur am Rande des globalen Entwicklungsprozesses. Lateinamerika bekommt die schmutzigen Technologien ab, muß mit autoritären Gesellschaftsformen, zum Schweigen verurteilten Kulturen und mit nichtanerkannten Religionen zufrieden sein und steht fortwährend unter der Kontrolle militärischer Größen, die im Rahmen institutionalisierter Unordnung die Ordnung garantieren. Diese ethisch-religiöse Schuld wird erst an dem Tag abgetragen werden, an dem die Völker Lateinamerikas zu Subjekten ihres eigenen Schicksals werden und gesellschaftliche Beziehungen und Werte schaffen können, die ihre eigenen kulturellen Wurzeln zum Sprießen bringen.

Zum Schluß ist die Schuld der *Evangelisierung* zu nennen. Die Evangelisierung, die hier stattfand, war eine Verpflanzung von Institutionen, Symbolen, Begriffen und Moralvorstellungen der christlich-europäischen Kultur. Eine Begegnung zwischen Glauben und bodenständiger Wirklichkeit, zwischen Evangelium und autochthonen Kulturen, die zu einem spezifisch eigenen Ausdruck unsererseits geführt hätte, gab es nicht. Einzig der Volkskatholizismus bedeutet, als Frucht der Kreativität des kleinen Volkes am Rande des offiziellen Katholizismus, eine originäre Glaubensschöpfung unter den Bedingungen der Unterdrükkung, der keine Instanz in der Gesellschaft entgeht. Diese Schuld wird erst dann gezahlt sein, wenn Bedingungen herrschen, die eine befreiende Evangelisierung ermöglichen, auf der Grundlage der kulturellen Muster des Volkes, das arm und zutiefst religiös ist. Dies ist offensichtlich mit der häufig angesprochenen »Neuevangelisierung« oder »neuen Evangelisierung« gemeint.

Der Begriff »Neuevangelisierung« stammt von Johannes Paul II. Auf der 19. Vollversammlung des CELAM sagte der Papst am 9. März 1983 im haitianischen Port-au-Prince: »Das Gedenken des halben Jahrtausends Evangelisierung wird seine volle Bedeutung dann erhalten, wenn ihr als Bischöfe... daraus eine Aufgabe macht; eine Aufgabe nicht der Re-Evangelisierung, sondern der Neu-Evangelisierung; neu in ihrem Eifer, in ihren Methoden und in ihrer Ausdrucksweise.«[2] Der Text macht deutlich, daß es nicht darum geht, mit der Evangelisierung fortzufahren, wie sie seit eh und je in Lateinamerika praktiziert worden ist, wenn auch mit den Reformen und Erneuerungsprozessen, die üblicherweise innerhalb des traditionellen Schemas Platz haben, ohne dieses jedoch strukturell zu verändern. Es geht um einen wirklichen Neuansatz. Hier soll über die Evangelisierung, wie sie seit dem 16. Jahrhundert praktiziert worden ist, gar nicht kritisch geurteilt werden; nur, implizit will der Terminus doch auf Distanz zu ihr gehen, so als wollte er sagen, diese Art von Evangelisierung sei in der Vergangenheit wie in der Gegenwart ein unzureichendes, für die Herausforderungen heute in Lateinamerika ungeeignetes Werkzeug. Deshalb *Neuevangelisierung*.

Diese muß, dem Papst zufolge, einen neuen *Eifer* haben. Eifer aber entsteht nicht von selbst. Es ist die Identifikation einer großen Sache, die den Eifer weckt, die Glut entfacht, das heißt die Begeisterung und den Mut, jeder Art von Schwierigkeit mit Gelassenheit entgegenzutreten. Nun hat das Bewußtsein der Kirche seit den sechziger Jahren – wie an den Beschlußdokumenten von Medellín (1968) und Puebla (1979) abzulesen ist, an jenen Dokumenten, die zum Wertmaßstab für die Pastoral der lateinamerikanischen Kirchen geworden sind – die große Sache auf unserem Erdteil identifiziert: Wie kann man die Frohe Botschaft Jesu unter schlimmen gesellschaftlichen Verhältnissen zum Tragen bringen? Die Gute Nachricht ist nur dann gut, wenn sich schlimme gesellschaftliche Bedingungen verändern, wenn böse Verhältnisse allmählich menschlich werden und wenn aus ungerechten sozialen Beziehungen Gerechtigkeit und Partizipation werden. Wie aber tragen die Kirchen zu diesen Veränderungen bei, so daß sie wirklich die Frohe Botschaft zur Geltung bringen und mithin eine Fülle verkünden, die einzig das Evangelium zu bieten vermag? Auf eine knappe, treffende Formel gebracht, lautet die Herausforderung nach wie vor: Be-

[2] Verlautbarungen des Apostolischen Stuhls 46. Predigten und Ansprachen von Papst Johannes Paul II. bei seiner apostolischen Reise nach Mittelamerika. 2. bis 10. März 1983, Bonn o.J., 120. Vgl. *A. Lorscheider*, Nova evangelização e vida religiosa, in: Irmão Sol, Dezember 1988, 2-3.

freiung zur Gemeinschaft und Beteiligung in Gesellschaft und Kirche. In der leidvollen Situation der lateinamerikanischen Völker läßt sich solch eine Sache nur dann verwirklichen, wenn Eifer, wenn Glut dahinter steht. Glut macht die ganze Gemeinschaft der Kirche zur Trägerin der Evangelisierung, Glut läßt Arme bewußt als Befreier auftreten, Glut schafft Propheten, voll heiligen Zorns über die Ungerechtigkeit der hier herrschenden politischen und gesellschaftlichen Ordnung und voll menschlicher Gesten, welche die Unterdrückten trösten, und Glut gibt zahllosen Männern und Frauen den Mut, ihr Leben für gedemütigte und beleidigte Brüder und Schwestern zu opfern, so daß unsere lateinamerikanischen Kirchen heute fast alle Märtyrerkirchen sind.

Die neue Evangelisierung muß, so der Papst, neu in ihren *Methoden* sein. Also nicht nur der Inhalt, sondern auch die Methode muß neu und befreiend sein. Mit anderen Worten: Die Art und Weise, wie wir die Frohe Botschaft zum Tragen bringen, gehört zur Frohen Botschaft selbst. Die Fühlung mit Person und Botschaft Jesu muß zu einer Atmosphäre des Wohlwollens und der Verdichtung all dessen führen, was menschlich, würdig und für Körper und Geist erstrebenswert ist. Das aber ist nur zu erreichen, wenn die Methode zum Mitmachen einlädt, das heißt: wenn die Aufspaltung zwischen Evangelisierendem und Evangelisiertem in Richtung auf einen evangelisatorischen Prozeß überwunden ist, an dem alle beteiligt sind; wenn von jeder – angeblich dem Evangelium dienenden – kulturellen Nötigung abgesehen wird; wenn vielmehr die verschiedenen Kulturen, die auf unserem Erdteil anzutreffen sind, zur »Gußform« für die Aneigung der Frohen Botschaft Jesu werden, wobei der Ausgangspunkt die Kulturen der Unterdrückten sind, denn diese haben ja im Sinne des Evangeliums stets die ersten Adressaten und die bevorzugten Träger der Evangelisierung zu sein.

Schließlich muß die neue Evangelisierung neu in ihren *Ausdrucksformen* sein. Diese müssen aus den jeweiligen Kulturen erwachsen und dürfen nicht einfach, wie während der letzten fünfhundert Jahre üblich, die europäische Kultur für Naturvölker wie Tupi-Guaranis, Aymaras oder Azteken reproduzieren, die weder etwas von der lateinischen Sprache noch vom liturgischen Zeremoniell im Zeichen der kulturellen Erfahrung in Byzanz, Rom oder Aachen verstanden. Es gilt, das unveräußerliche und jedem Menschen zustehende Recht einzufordern, den Gott der Geschichte mit den Mitteln der je eigenen Kultur und den Symbolen der je eigenen Traditionen erkennen und loben und ihm dienen zu können. Dieses Recht jedoch konnten viele Menschen noch nicht in voller Freiheit in Anspruch nehmen. Deshalb gibt es auch nur einen offiziellen, römisch geprägten Katholizismus und nicht vielfarbige Katholizismen als legitime Ausdrucksformen des Evangeliums je nach den verschiedenen Kulturen. Die neue Evangelisierung muß also auch insofern fruchtbar werden, als sie ein lateinamerikanisches ökumenisches Christentum hervorbringt, das die hier anzutreffenden kulturellen Profile widerspiegelt.

Diese neue Evangelisierung muß der großen Bevölkerungsmehrheit, auf der ein skandalöses Defizit an Lebensmöglichkeiten lastet, Leben bringen. Evangelisieren in Kontext Lateinamerikas heißt vor allem: das Leben der Armen retten. Ohne diese befreiende Dimension gibt es keine Frohe Botschaft, die diesen Namen verdient und die die Erinnerung an die Praxis Jesu wie auch der Apostel aktualisiert.

Wir dürfen nicht zulassen, daß auch für uns Heutige die Kritik gilt, die die Ureinwohner im 16. Jahrhundert übten, als sie den Christen vorwarfen, ihnen »einen grausamen, ungerechten und erbarmungslosen Gott« zu verkünden. Der Evangelisierung im Zeichen des Kolonialismus gelang es nicht, den Völkermord zu verhindern – Völkermord als Folge von Kriegen, Mißhandlungen, rücksichtsloser Ausbeutung der Arbeitskraft und von europäischen Krankheiten, gegen die die Indianer nicht immun waren. Von 1500 bis 1600 ging die Zahl der Urbevölkerung von 25 auf 1 zurück; als Hernán Cortés 1519 in das Tal von Anahuac (Mexiko) vorstieß, lebten dort etwa 25 200 000 Menschen, 1595 waren es noch 1 375 000.[3]

Aufgrund dieses Genozids muß die neue Evangelisierung ganz klar die Verbindung Gott – Arme – Befreiung heraus- und sie jener anderen Verkettung gegenüberstellen, die jahrhundertelang vorgeherrscht hat: Gott – Mächtige – Herrschaft.

Tzvetan Todorov, einer der modernen Fachleute in Sachen

[3] Vgl. *R. Jaulín*, El etnocidio a través de las Américas, Mexiko 1976, bes. 55 f.; *P. Chaunu*, Conquista e exploração dos novos mundos, São Paulo 1984, 404; *G. Gutiérrez*, Gott oder das Gold. Der befreiende Weg des Bartolomé de Las Casas, Freiburg – Basel – Wien 1990, 10.50–56.

»Iberische Invasion in Lateinamerika« schreibt: »Wenn das Wort Völkermord jemals wirklich zutreffend verwandt worden ist, dann zweifellos in diesem Fall. Es handelt sich dabei meines Erachtens nicht nur in relativen Zahlen (Vernichtung in der Größenordnung von 90 Prozent und mehr) um einen Rekord, sondern auch in absoluten, da wir es mit einer Dezimierung der Bevölkerung um schätzungsweise 70 Millionen Menschen zu tun haben [wobei in Lateinamerika 80 und auf der restlichen Erde 400 Millionen Menschen lebten]. Keines der großen Massaker des 20. Jahrhunderts kann mit diesem Blutbad verglichen werden. Man wird verstehen, wie vergeblich die Bemühungen mancher Autoren sind, die sogenannte ›Schwarze Legende‹ zu widerlegen, die Spanien für diesen Völkermord verantwortlich gemacht und damit seinem Ruf schwer geschadet hat. Das Schwarze ist zweifellos da, auch wenn von einer Legende nicht die Rede sein kann.«[4]

Wenn das Christentum gestern Komplize der Todesmaschinerie war, dann muß es sich heute mit dem Prozeß verbünden, der Leben schafft für die Opfer einer Art von Entwicklung, welche die große Bevölkerungsmehrheit ausschließt. Was die Menschen heute mitmachen, ist die Folge dessen, was vor fünfhundert Jahren passiert ist. Die Invasion ist nicht zu Ende. Im Gewand von technologischer Vorherrschaft, von massenhaftem Kapital, das nach Lateinamerika fließt, um sich die billige Arbeitskraft und die reichlich vorhandenen Rohstoffe zu Nutzen zu machen, wie von politischen Seilschaften, die die Mächtigen des Imperiums begünstigen und das arme Volk klein halten, geht der Kolonialismus weiter.[5]

Die neue Evangelisierung, die sich seit den sechziger Jahren – ausgehend von den unterdrückten Kulturen – langsam anbahnt, ist bisher weder hinreichend tief verwurzelt, noch hat sie die Opfer, um die es ihr ja vor allem geht, zu überzeugen vermocht. Bezeichnend die Geste einiger Andenureinwohner anläßlich des Papstbesuches 1985 in Peru. Máximo Flores, von der Indianerbewegung Kollasuyo (Aymaras), Emmo Valeriano, von der Indianerpartei (Aymaras), und Ramiro Reynaga, von der In-

[4] *T. Todorov*, Die Eroberung Amerikas. Das Problem des Anderen, Frankfurt am Main 1985, 161 f.

[5] Vgl. *G. Girardi*, La conquista de América. Con qué derecho? San José de Costa Rica 1988, 17–34.

dianerbewegung Tupac Katari (Ketschuas), übergaben Johannes Paul II. einen Brief. Darin schrieben sie: »Wir Indianer der Anden und Amerikas haben beschlossen, Ihren Besuch zu nutzen, um Ihnen Ihre Bibel zurückzugeben; denn im Laufe von fünf Jahrhunderten hat sie uns weder Liebe noch Frieden noch Gerechtigkeit gebracht. Nehmen Sie also, bitte, die Bibel wieder und geben Sie sie unseren Unterdrückern zurück, weil diese die dort enthaltenen Moralvorschriften mehr brauchen als wir. Denn seit Christoph Kolumbus hier gelandet ist, hat man uns eine Kultur, eine Sprache, eine Religion und eine Wertskala aufgezwungen, die allesamt europäisch sind.« Als Ramiro Reynage den Brief in der Öffentlichkeit erklärte, erläuterte er: »Die Bibel kam zu uns als Teil des kolonialen Zwangsprojektes. Sie war die ideologische Waffe dieses kolonialistischen Überfalls. Das spanische Schwert, das tagsüber den Körper der Indianer angriff und tötete, wurde nachts zum Kreuz, das die indianische Seele angriff.«[6]

Wie sollte man die schmerzerfüllten Klagen, wie die berechtigte Bitterkeit dieser Ureinwohner bestreiten? Wer die Beschuldigung ausspricht, sind doch die Opfer und nicht irgendwelche nachtragende Intellektuelle oder frustrierte Kleriker. Und die Opfer verdienen es, gehört und angenommen zu werden. Ihr Auftritt ist ein Appell an uns, ihnen mit unserer Evangelisierung Motive zu geben, daß sie leben und für das Leben kämpfen können. Bei Indianern, Schwarzen und sonstigen Verrandeten stehen wir in einer Schuld der Gerechtigkeit, die leider bis auf den heutigen Tag noch nicht beglichen ist. Wer sie begleichen muß, sind die Kirchen. Das ist der Grund für den vorliegenden Text.

[6] Vgl. dazu die Textsammlung von *R. Darío García*, Evangelización y liberación en la historia latinoamericana, in: versch., Evangelización y liberación, Buenos Aires 1985, 56–57.

I. Teil

Evangelisierung aus der Perspektive der unterdrückten Kulturen

Das Thema »Evangelisierung der Kulturen« bzw. genauer »Evangelisierung und Kulturen« wird heute noch von manchen Kreisen als Vorwand dazu benutzt, den Wirklichkeitsbereich der Armen, Unterdrückten und Marginalisierten auszublenden, nachdem dieser die theologische und pastorale Diskussion der letzten Jahre bestimmt hatte. Ihren Höhepunkt hatte die Diskussion in der vorzugsweisen Option für die Armen und gegen die Armut der Armen gefunden, die heute ohne Zweifel das ausgewiesene Markenzeichen der lateinamerikanischen Kirche darstellt.

Die Wirklichkeit der Armen ist von schweren Konflikten gekennzeichnet. Denn die Armut der Armen ist das Produkt von wirtschaftlichen Mechanismen, gesellschaftlichen Beziehungen und Diskriminierungen, die gegen die Gerechtigkeit verstoßen. Konfliktgeladen ist aber auch das Verständnis der Gesellschaft, der Kirchen und der Theologie aus der Perspektive der Armen, läßt es einen doch die Komplizität sämtlicher Instanzen mit der Unterdrückung dieser Menschen wie aber auch ihre Solidarität mit deren vielfachem Kampf um Leben und Freiheit erkennen.

Daß es immer noch Arme gibt, mehr noch, daß das Elend der Armen zunehmend ärger wird, entlarvt ein gewisses Scheitern der traditionellen Evangelisierung. Nicht ohne Grund ist heute die Rede von einer *neuen* Evangelisierung, die sich intensiver auf das Los der Armen einläßt und die nicht nur die Frohe Botschaft der Befreiung verkündet, sondern diese auch herbeizuführen hilft. Schließlich haben wir zu begreifen, daß die Unterdrückten von heute die letzte Frucht jenes Prozesses von Eroberung, Unterwerfung und Knechtung sind, der im 16. Jahrhundert seinen Anfang genommen und bis heute noch nicht sein Ende gefunden hat. Sollten wir uns 1992, wenn wir der fünfhundert Jahre dieses Ereignisses gedenken, dieses Widerspruchs nicht bewußt sein, so laufen wir Gefahr, eine weitere Wunde denen zuzufügen, die in der ebenso groben wie wahren Formulierung des Historikers Capistrano de Abreu »die Kastrierten und wieder Kastrierten, die zur Ader Gelassenen und wieder zur Ader Gelassenen« unserer Geschichte sind.

Ausgangspunkt unserer Überlegungen ist die brutale und untrügliche Tatsache, daß die Armen mehr leiden als je zuvor. In nahezu allen lateinamerikanischen Ländern sterben sie früher als noch zu Zeiten der Bischofstreffen in Medellín (1968) und Puebla (1979). Diese Antirealität stellt uns in Frage. Wir dürfen sie weder beiseite schieben noch spiritualisieren noch in einen anderen Zusammenhang einfügen, so daß sie ihren Charakter als Skandal verlöre, der ja vielmehr behoben werden muß. Wenn wir die Wirklichkeit der Kulturen ansprechen,[1] müssen wir von Anfang an klarmachen: Was immer wir an Darlegungen bringen, muß uns im Sinne der Befreiung dieser unterdrückten Menschen helfen, darf uns also nicht von ihnen wegbringen oder mit anderen Sichtweisen verwirren, so interessant sie sein mögen, weil sie die Kirchen in ihrem Einsatz für Gerechtigkeit und für echte Befreiung am Ende nur schwächen. Wir sollten nicht von Rosen reden, wenn uns dieses Reden die Not des Gärtners vergessen läßt.

Stellen wir uns also direkt dem Thema »Evangelisierung aus der Perspektive unterdrückter und verrandeter Kulturen«![2]

[1] Vgl. dazu: *J. Comblin*, Evangelización de la cultura en América Latina, in: Puebla 2 (1978) 91–109; *P. Trigo*, Evangelización de la cultura, in: Puebla 5 (1979) 298–303; *P. Suess*, Inculturação: desafios – caminhos – metas, in: REB 49 (1989) 81–126; *ders.*, Cultura e religião, in: REB 48 (1989) 778–798.

[2] Vgl. dazu die wichtigsten Titel: *CNBB/CIMI*, Inculturação e libertação, São Paulo 1986; *CRB*, Nova evangelização e vida religiosa no Brasil, Rio de Janeiro 1989; *M. Azevedo*, Comunidades eclesiais de base e inculturação da fé, São Paulo 1986; *ders.*, Inculturação e libertação, São Paulo 1986; *ders.*, Evangelización inculturada, in: Misiones Extranjeras 87 (1985) 197–221; *J.M. de Paiva*, Colonização e catequese, São Paulo 1982; *ILADES*, Cultura y Evangelización en América Latina, Santiago 1988; *versch.*, Evangelización y liberación, Buenos Aires 1986; *versch.*, Evangelización de la cultura e inculturación del evangelio, Buenos Aires 1989; *F. Damen*, Hacia una teologia de la inculturación, La Paz 1989; REB 49 (1989) die ganze Nr. 196 (Dezember 1989), in der es um »Evangelisierung und Kultur« geht.

I. Kulturen, Akkulturation, Enkulturation, Inkulturation und Zivilisation: semantische Abgrenzungen

Es soll mehr als dreihundert Definitionen von Kultur geben.[3] Die berühmte Begriffsbestimmung des nordamerikanischen Anthropologen Edward Tylor aus dem Jahre 1871 lautet: »Kultur, in ihrem weitesten ethnographischen Sinn gefaßt, ist der gesamte Komplex von Kenntnissen, Glaubensmomenten, von Kunst, Moral, Gesetzen und Bräuchen bzw. sämtlichen anderen Fähigkeiten oder Gewohnheiten, die der Mensch als Mitglied einer Gesellschaft erworben hat.« Der Begriff ist korrekt in dem, was er sagt, verkürzt aber in dem, was er nicht sagt. Kultur umfaßt nicht nur die Welt der Symbole und Bedeutungen. Ihrerseits wurzelt diese nämlich in der Welt des Materiellen, des Sozialen und des Vorstellungsvermögens des Menschen wie der Gemeinwesen. Wir müssen Kultur also in einem erheblich ganzheitlicheren Sinn verstehen.[4] Dessenungeachtet hat sich der Tylorsche Begriff zur gängigen Definition entwickelt. Sagt man zum Beispiel, der Papst habe sich mit der »Welt der Kultur« getroffen, will man damit signalisieren, er sei Intellektuellen und Künstlern begegnet, das heißt: Menschen, welche mit Ideen umgehen, Symbole schaffen und Kenntnisse liefern. Doch diese Bedeutung ist begrenzt.

Anthropologen haben einen Kulturbegriff geschmiedet, der, weil er dem vielschichtigen Phänomen der menschlichen Kultu-

[3] Vgl. dazu: *R. de Barros Laraira*, Cultura, um conceito antropológico, Rio de Janeiro 1986; *D. Kaplan/A. Manners*, Teoria da cultura, Rio de Janeiro 1978; *C. Geertz*, Dichte Beschreibung. Beiträge zum Verstehen kultureller Systeme, Frankfurt 1983; *B. Malinowski*, Une théorie scientifique de la culture, Paris 1968; *C.L. Strauss*, Raça e história, Lissabon 1980 (UNESCO 1952); *P. Menezes*, As origens da cultura, in: Síntese 15 (1988) 13–24; *D. Ribeiro*, O processo civilizatório, Petropolis 1983; *C.R. Brandão*, Impor, persuadir, convidar, dialogar: a cultura do outro, in: Inculturação e libertação (Anm. 2), 9–26; *ders.*, A arca de Noé. Algumas anotações sobre sentidos e diferenças a respeito da idéia de cultura e novos desafios à evangelização da América, Petróplis i. Vorb. Sehr klar ist auch die schon genannte Arbeit von *P. Suess*, Inculturação (Anm. 1).

[4] Die Beschreibung von »Kultur« in der Pastoralen Konstitution *Gaudium et spes* (Nr. 53) des II. Vatikanischen Konzils hat in der Tat diese umfassende Spannweite.

ren gerecht werden soll, viel umfassender ist. Kultur gibt es nicht in der Einzahl; was konkret existiert, sind Kulturen in der Mehrzahl. Kultur im Singular ist ein Begriff, der einen strikt theoretischen Charakter hat und der ein Phänomen in Abhebung von einem anderen Phänomen verständlich machen soll, wie zum Beispiel Natur – Kultur. So spricht man von einer »Kultur im Nullstadium«.

In diesem – verallgemeinernden – Sinn verstehen wir unter »Kultur im Nullstadium« alles, was der Mensch tut, ob als Individuum (Mann wie Frau), ob als Gemeinschaft, einschließlich der Dinge, die von ihm gemacht werden, wie auch einschließlich all dessen, was er, wenn er es tut und wenn es getan wird, damit für sich bezeichnen und den Mitmenschen mitteilen will.

Damit wird deutlich, daß menschliches Leben, insofern *menschliches* Leben, immer mit Kultur zu tun hat. Menschliches Leben ist eingetaucht in die Natur, wie sich diese innerhalb und außerhalb seiner manifestiert. Es verarbeitet die Natur und gestaltet sie um, eben in Kultur. So besteht die Landwirtschaft zum Beispiel in der Arbeit des Menschen an Erde und Feld, das heißt in jener Arbeit, die der Mensch an der gestaltlosen Natur verrichtet, indem er einen Teil von ihr abtrennt, bestellt und durch sein Einwirken auf Erde und Land verändert. Deshalb verwenden vom Lateinischen beeinflußte Sprachen auch den Begriff *agricultura*, der in deutscher Übersetzung so viel wie »Kultur des Feldes« (*ager* = Acker, Feld) besagt. Das menschliche Leben hat zahllose Dimensionen. In allen jedoch steckt Kultur, weil der Mensch, ausgehend von etwas, was nicht kulturell, sondern natürlich ist, in sie alle seinen Arbeitseinsatz hineingibt bzw. weil er dem, was bereits kulturell angereichert ist, eine neue Gestalt und eine neue Sinngebung verleiht, und zwar:

im *Kosmischen* – in dem Maße, in dem er sich (als Individuum wie als Kollektiv) in den Schöpfungsprozeß hineingibt und sich durch sein Eingreifen seine Umwelt schafft;

im *Persönlichen*, das für die Unverwechselbarkeit seiner singulären Existenz steht, insbesondere im Blick auf die Ausübung seiner Freiheit;

in der *Wirtschaft*, mit der er sich die Produktion und Reproduktion des materiellen Lebens sichert;

in der *Politik*, in der es um die verschiedenen Formen des menschlichen Zusammenlebens geht;

auf der Ebene der *Symbole,* die sich auf die Bedeutungen und Werte beziehen, welche wir den menschlichen Handlungen wie überhaupt allem beimessen, was mit der menschlichen Welt in Verbindung steht;

in der *Religion,* deren Inhalt ein letzter, alle Einzelbedeutungen übersteigender und die gesamte Realität umfassender Sinn ist.

Wo sich Menschen zu einer Gruppe zusammenfinden, schaffen sie sich, auf ihre Weise, sämtliche genannten Instanzen. Alle arbeiten, alle kochen, alle essen, alle haben ihre Organisationsformen, und alle schaffen sich ihre Symbole, Kodizes und Bedeutungen; nur, jede Gruppe tut das auf ihre Art und Weise. So kommt es zu einer Vielfalt der Kulturen. Aber wozu all die verschiedenen Kulturen? Könnten denn die Menschen nicht auch genauso programmiert sein wie Biber und Bienen, die sich ihre Behausungen seit Jahrtausenden immer auf dieselbe Art und Weise bauen? In Schwärmen und Horden zusammenlebende Tiere dieser Art haben ein genetisch festgelegtes Verhalten, das sie ihre Konstrukte stets nach demselben Muster errichten läßt; nur eine *Praxis,* die ja aus menschlicher Reflexion und menschlichem Willen erwächst, haben sie nicht. Doch gerade durch die – auf der Fähigkeit, zu reflektieren, zu projektieren, zu verändern und etwas Bedeutung beizumessen, beruhende – Praxis zeichnet sich der Mensch gegenüber dem Tier, und sei es auch das höchstentwickelte, aus. Dank dieser Praxis wird aus Natur Kultur; das heißt: bricht die Logik des Determiniertseins auf und bahnt sich die Logik der Spontaneität und des Einbringens von Bedeutungen und Werten an. Kultur ist nicht nur, daß sich der Mensch die Natur anpaßt, Kultur ist auch eine Sprache, mit der der Mensch Bedeutungen und Werte mitteilt. Das Auto ist nicht nur ein Transportmittel, sondern es vermittelt auch eine soziale Bedeutung und zeigt u.a. den Status des Halters bzw. der Halterin und seinen bzw. ihren Geschmack an.

Der Mensch arbeitet nicht nur an der Natur, sondern auch an sich selbst. Auf diese Weise entwickelt er sich von einem Herdentier (wie Wölfe oder Primaten) zu einem sozialen Lebewesen. So taucht er aus der Ordnung der biologischen, fest determinierten Bedürfnisse auf (Ameisen kennen eine strikte Arbeitsteilung, und Schimpansen haben ihre internen Hierarchien und stereotypen Muster von gegenseitiger Hilfe, Konsens und Ablehnung) und taucht ein in die Ordnung der Freiheit, der freien Entscheidung, der Wahl zwischen verschiedenen Alternativen, der subjektiven Aneignung der Impulse aus der Natur. Alles bringt er in eine Ordnung und in einen Regelzusammenhang. Auf diesem Gebiet des Sozialen schälen sich, in freier Übereinkunft, Klassifizierungen, Verhaltenskodizes, Anordnungen und Beziehungsprinzipien heraus. So hört der Mensch auf, ein reines Naturwesen zu sein, und wird, dank der Kultur, zum Subjekt mit Rechten und Pflichten, das eine Quelle der Praxis zur Veränderung bzw. zum Erhalt von Natur und Gesellschaft sowie ein Prinzip von Symbolen, Bedeutungen und Werten ist.

Aus dem Gesagten dürfte deutlich geworden sein, daß Kultur die ganze menschliche Existenz samt all ihren Dimensionen durchdringt. Kultur darf also nicht auf die sogenannte »kulturelle Welt« (Schule, Kunst, Folklore, Religion, Welt der Ideen und der Werte) begrenzt gesehen werden. Alles trägt das Kennzeichen der Kultur, einschließlich der materiellen Arbeit, der Wirtschaft, der Politik und der Produktion von Symbolen. Mit Recht kann man deshalb von *materieller* Kultur (die ganze Bandbreite von Werkzeugen, die Technologie, mit der wir unser Überleben sichern), von *sozialer* Kultur (Machtverhältnisse, Verhaltensregeln, soziale Arbeitsteilung) und von *symbolischer* Kultur (Bedeutungen, die den Dingen beigemessen werden, Philosophien und Lehren, Volks- und Nationalfeste) sprechen.

Alles, was menschlich ist, bildet eine Quelle von Kultur. Beim Ordnen dieser Kräfte jedoch gilt es, vier besonders mächtige und Unterschiede schaffende Impulse hervorzuheben: Arbeit, Macht, Phantasie und Religion. Überflüssig, zu sagen, daß die vier Kräfte in ununterbrochener Verbindung miteinander stehen und daß eine wirkliche inklusive Dialektik zwischen ihnen herrscht (Perichorese, theologisch gesprochen). Wo die eine ist, sind immer auch die anderen.

Die *Arbeit* – ob subjektive, ob objektive Arbeit (vgl. die Enzyklika *Laborem exercens* Johannes Pauls II., Nr. 6) – ist einer der fundamentalsten Faktoren, die Kultur konstituieren. In der Sprache des Konzils ist sie »unmittelbar Ausfluß der Person, die den natürlichen Dingen ihren Stempel aufprägt« (*Gaudium et spes*, Nr. 67 [im lateinischen Original: *res naturae*; in der offiziellen deutschen Übersetzung: *den stofflichen Dingen*]). Die Arbeit ist immer ein soziales Phänomen, sie geschieht im Rahmen einer bestimmten sozialen Teilung und wird in sehr unterschiedlichem Sinn interpretiert (für moderne Menschen ist sie ein Mittel zur Beherrschung der Natur, für Indianer eine Form, der Mutter Erde, der *Pachamama*, zu helfen). Die Art und Weise, wie die Arbeit organisiert ist: ob als Mitarbeit oder als Ausbeutung, ob über dem Kapital oder in Funktion des Kapitals stehend, prägt das gesellschaftliche Zusammenleben in den verschiedenen Räumen und Zeiten.

Die *Macht* ist eine weitere Triebkraft der Kultur. Auf politischer Ebene können die gesellschaftlichen Machtverhältnisse autoritär, charismatisch oder demokratisch sein; sie können auf Aneignung oder Enteignung abzielen, auf Kontrolle, Konsolidierung oder Schwächung von Interessen; und sie können so angelegt sein, daß eine Gruppe ihre Verhaltensprinzipien der anderen aufzwingt. Am Zugang zur Macht bzw. am Ausschluß von ihr entscheidet sich, ob die betreffende Gruppe zu den herrschenden oder zu den beherrschten Kulturen – will sagen: den Kulturen des Schweigens und den Volkskulturen – gehört. Wer Machtkonflikte, vor allem in der von Ungleichheiten geprägten lateinamerikanischen Geschichte, nicht wahrnimmt, kaschiert eine fundamentale Tatsache, die für jeden Prozeß der Befreiung wie der befreienden Evangelisierung entscheidend ist.

Eine dritte Kraft, die mächtig zur Konstituierung von Kultur beiträgt, ist die *Phantasie*. Dank ihrer fügt der Mensch der mitunter brutalen Faktizität der Wirklichkeit immer ein Mehr hinzu. So schafft er Interpretationen, entdeckt neue Zusammenhänge und baut sich Sinngebungen für sein Leben auf. Die Phantasie ist die Quelle der Kreativität, einschließlich der wissenschaftlichen. Insbesondere die gesellschaftliche Phantasie ist höchst wichtig; denn kraft ihrer entwerfen die Gemeinwesen ihre Träume, ihre Utopien und die Formen des Zusammenlebens, die ihnen vorschweben. Die Phantasie bringt Farbe in die menschlichen Erfahrungen, die sie mit ihrem Blick, ihrem Gespür und ihren Wünschen stets übertrifft. Formen, in denen sich die Phantasie manifestiert, sind Fest, Spiel und Ritus.

Schließlich haben wir noch die *Religion*. Mit Hilfe der Religion definieren die Gesellschaften den letzten transzendenten Sinn ihres Handelns ebenso wie die Bestimmung von Mensch und Geschichte. Die Religionen arbeiten mit kraftvollen Symbolen und mit Archetypen, die tief im Menschen verankert sind und langandauernden geschichtlichen Bestand haben. Religion überwindet trennende Brüche und baut Brücken, die eine Zeit mit der anderen verbinden. Mehr noch als in der Philosophie wird in der Religion das menschliche Suchen nach einem letzten Sinn sowie nach einem letzten Zuhausesein der Schöpfung und des menschlichen Herzens thematisiert, in Symbole gekleidet, ritualisiert und gefeiert. Deshalb entwickelt jede Kultur auch ihre Religion,[5] in Verbindung mit den übrigen Instanzen wie etwa der Macht (den religiösen Ausdrucksformen der herrschenden Gruppe, der untergeordneten Gruppe usf.) und mit den Regelungen zur sozialen Teilung der religiösen Arbeit (Aufteilung zwischen Klerikern und Laien) usf.

So komplex die Thematik der Kulturen auch sein mag, wir dürfen unsere Hauptfrage nicht aus dem Auge verlieren: Wieweit ist die Kultur eine Hilfe bei der Befreiung, wieweit verfestigt sie die Unterdrückung, wieweit erschwert sie den Aufbruch des rebellischen Bewußtseins, und wieweit schafft bzw. verhindert sie Leben und Freiheit?

Der Ausdruck »herrschende und beherrschte Kulturen« birgt nicht die ganze komplexe Problematik des Phänomens der menschlichen Kultur. Doch im Kontext Lateinamerikas (wie der überwiegenden Mehrheit der Menschheit) ist er äußerst wichtig, weil das mit ihm Gemeinte die weiteren kulturellen Bekundungen behindert, wenn nicht zunichte macht. »Herrscher« und »beherrscht« sind Kategorien, die sich nicht nur auf äußere, sondern auch auf innere Aspekte beziehen. Herrschaft ist nur deshalb möglich, weil es dem Herrscher gelingt, in das Innere des Beherrschten einzudringen und ihn seine Befindlichkeit akzeptieren zu machen; der Beherrschte bewirtet sozusagen den Herrscher als Teil seiner eigenen Wirklichkeit in sich. So wird verständlich, wie die Spaltung durch Menschen und Institutionen, durch Vorstellungsvermögen und Religion geht. Beherrschtwerden hindert die unterdrückte Gruppe daran, eine selbständige Kultur hervorzubringen, die ihre Identität artiku-

[5] Was den Marxismus-Leninismus anbelangt, so will dieser zwar atheistisch sein, und er baute sich ja auch einen säkularen Staat auf, ohne jeden ausdrücklichen Bezug zur Religion. Dessenungeachtet entwickelte er um die Revolution und deren Monumente (die Gestalt Lenins, das Lenin-Mausoleum im Kreml) eine soziale Symbolik, die, vergegenwärtigt man sich den Respekt, die Einschätzung als letzte Realität und die Verehrung, geradezu religiös dünkt, insofern all diese Einstellungen auf kultureller Ebene sonst dem höchsten Wert vorbehalten sind: Gott.

lierte. Unter welchen Bedingungen geschieht hier Arbeit? Welche Form von Religion können Unterdrückte überhaupt entwikkeln? Einzig die Phantasie ist das weite Feld der Freiheit, das ihnen offensteht. Nicht ohne Grund sind die größten Utopien von Freiheit und die radikalsten Träume von Veränderung gerade von Gruppen unterdrückter Menschen entworfen worden.

In dieser Situation befindet sich die Mehrheit der Volksmassen auf unserem Kontinent wie auf der ganzen Erde. Was bedeutet es in diesem Rahmen, »die Kulturen zu evangelisieren«? Entweder trägt das Evangelium dazu bei, daß von den Unterdrückten und Verrandeten aus eine freie Dynamik entsteht, die Leben und Freiheit fördert, oder es wird mangels Analyse, aufgrund von Naivität oder infolge verborgener Interessen zum Komplizen beim Erhalt des ungerechten Status quo. Diese Perspektive soll unsere ganzen Überlegungen begleiten. Damit kommen wir einem Imperativ von Humanismus, Ethik, Religion und Evangelium nach. Aus dieser Option heraus möchten wir die äußerst komplizierte Frage der Kulturen zu erörtern versuchen. Auf keinen Fall darf uns die anthropologische Komplexität des kulturellen Phänomens, der man in der wissenschaftlichen Produktion der Anthropologen auf Schritt und Tritt begegnet, unser Grundanliegen »Befreiung« vergessen lassen.

Nach diesen anfänglichen Hinweisen möchten wir nunmehr noch einige durchgehende Begriffe mehr oder weniger deutlich klären:

Enkulturation, auch Internalisierung oder Sozialisation, benennt den Prozeß, vermittels dessen die Mitglieder einer bestimmten Kultur deren Werte, Kodizes, Gewohnheiten sowie deren Weltbild assimilieren. *Enkulturation* ist also das Erlernen der eigenen Kultur.

Inkulturation ist der Prozeß, in dem sich eine Kultur, ausgehend von ihren eigenen kulturellen Grundmustern, das Evangelium zu eigen macht; nur so ist echte Evangelisierung möglich, verstanden als Begegnung zwischen einer bestimmten Kultur und dem Projekt des Evangeliums.

Akkulturation ist der Prozeß, den eine Kultur erfährt, wenn sie in Kontakt tritt mit anderen Kulturen, sich ihnen anpaßt und, ausgehend von ihren eigenen Grundmustern, Elemente von ihnen übernimmt.

Transkulturation nennt man eine (mit physischer oder symbolischer Gewalt) erzwungene Akkulturation, wie die amerindianischen Ureinwohner sie unter dem Schock der Eroberung und der Expansion des in Spanien und Portugal herrschenden christlichen Systems zu spüren bekamen.

Transkulturell ist ein Begriff, der von uns – positiv verstanden – benutzt wird, um den Charakter einer Reihe von Werten zu bezeichnen, die durch verschiedene Kulturen hindurchgehen und die dem Spezifikum des Menschen als Menschen entsprechen, wie die Fähigkeit, für Gerechtigkeit einzutreten, Solidarität hochzuschätzen, Liebe zu praktizieren usf.

Zivilisation steht für ein Bündel von Werten und Handlungsweisen, die auf das Gemeinwohl der menschlichen Spezies abzielen und die in den verschiedensten Kulturen konkret werden, wie Gerechtigkeit, Schutz des Lebens, Solidarität mit den Schwächeren, Achtung vor dem anderen usf. Seit Paul VI. hat sich der Terminus »Zivilisation der Liebe« und seit Johannes Paul II. »Zivilisation der Solidarität« eingebürgert, verstanden als Gegenbegriff gegen den Egoismus auf internationaler Ebene und als Appell zur Erhaltung der Schöpfung und zum friedlichen Zusammenleben unter den Völkern. Heute kann keine Kultur es sich leisten, nicht zivilisiert zu sein; das heißt: alle Kulturen müssen darauf verzichten, andere unter ihre Herrschaft zu bringen, und die Werte der anderen respektieren und akzeptieren. Das Evangelium erweist sich als hochgradiger Faktor der Zivilisation, insofern es zur Praxis von Liebe und Geschwisterlichkeit wie auch zum Glauben an die göttliche Kindschaft aller Geschöpfe anregt.

Nach diesen unerläßlichen Erläuterungen drängt sich die Frage auf: Gibt es eine lateinamerikanische Kultur? In welchem Verhältnis stehen in Lateinamerika das Evangelium und die Kulturen zueinander?

II. Realität und Mythos der lateinamerikanischen Kultur und ihres katholischen Unterbaus

Amerindien (bzw. *Abia Yala*, wie die Kuna-Ureinwohner in Panama Amerika nennen, was so viel wie »Reife Erde« bedeutet) existierte, bevor die Iberer in den Erdteil eindrangen und ihn besetzten, mindestens schon 40000 Jahre. Es entstanden – um den Mais herum – große Kulturen, mit wahren Reichen und Machtzentren, die über ganze Stäbe von Experten verfügten und Millionen von Einwohnern zählten. Doch möchten wir keine Überlegungen über das vorkolumbianische Amerindien anstellen. Was uns beschäftigt, ist die gegenwärtige Lage. Gibt es eine lateinamerikanische Kultur,[6] die unseren Erdteil eint und eine einheitliche Strategie zur Evangelisierung erheischt?

Wir haben davon auszugehen, daß Lateinamerika unter kulturellem Gesichtspunkt eine äußerst komplexe, ja widersprüchliche Wirklichkeit ist. In der Begrifflichkeit des brasilianischen Anthropologen Darcy Ribeiro leben hier, in Spannung und Konflikt, die Zeugen-Völker, die neuen Völker, die verpflanzten Völker und die auftauchenden Völker zusammen (*As Américas e a civilização*, 196). Sie alle tragen ein gemeinsames Brandmal: die kolonialisierende Invasion des 16. Jahrhunderts und ihre bis auf den heutigen Tag sich zeigenden Auswirkungen. Die großen amerindianischen Kulturen wurden zum Teil ausgemerzt; und was übrigblieb, wurde dermaßen rigoros unterworfen, daß es, traumatisiert durch die Gewalt, nahezu vollständig die Erinnerung an seine vergangene Größe verlor.

Einigen kritischen Historikern zufolge wurde Lateinamerika das Opfer dreier aufeinander folgender Invasionen, allesamt mit demselben kulturellen Ergebnis: der Unterdrückung, der Verzerrung und der Ankuppelung an andere Kulturen. Ein wenig übertreibend (aber dennoch einen wahren Kern benennend) können

[6] Vgl. *M. Azevedo*, Evangelización de la cultura e inculturación del evangelio, Buenos Aires 1988; *P. Suess*, Inculturação (Anm. 1), 95–97; *N. Standaert*, L'histoire d'un néologisme. Le terme inculturation dans les documents romains, in: Nouvelle Revue Théologique 110 (1988) 555–570.

wir vielleicht sagen, Lateinamerika, so wie wir es heute haben, sei eine Erfindung des kulturellen und kapitalistischen Expansionismus Europas. Für die Iberer war Amerika ein Hindernis auf ihrem Weg nach Osten, auf der Suche nach neuen Handelsgebieten und nach Vergrößerung ihrer Militärmacht, in dem Ansinnen, die Muslime von hinten anzugreifen. Als Völker ebenso wie als kulturelle, wirtschaftliche, politische und ideologische Organisation erweist sich Lateinamerika folglich als ein Reflex der europäischen kapitalistischen Kultur, die heute zusammen mit den USA und Japan die westliche Politik hegemonisiert. Immer sind wir von fremden Herrschaftszentren abhängig gewesen. Daher haben wir nach wie vor die Schwierigkeit, unsere Identität zu definieren, denn entweder ist sie eine Unmöglichkeit oder eine entfremdete bzw. zutiefst gespaltene Sache. Wir haben eine Kultur von Fragmenten, von Trümmern eines vormals abgerundeten Ganzen. Wir sind unleugbar ein zerbrochener Spiegel. Wir sind ein tragisches und unglückliches Bewußtsein; zwangsläufig schauen wir in den Spiegel der anderen, die uns gewaltsam in der Unterentwicklung halten und mithin daran hindern, über die Bedingungen zu verfügen, die es uns ermöglichen, Herren unserer eigenen Geschichte zu sein.[7] Selbst der »radikal katholische Unterbau« der »lateinamerikanischen Kultur« ist die Folge der Eroberung der Seelen und der Ausweitung des iberischen Modells von Katholizismus und nicht die Frucht der Begegnung des Evangeliums mit den Kulturen, in einer Atmosphäre von Dialog, von Beziehungen zwischen Gleichen und von gegenseitiger Befruchtung. Was das Bestimmende war, waren die Eroberung der Körper mit Hilfe der kolonialen Invasion, die Eroberung der Seelen mit Hilfe der Mission und die Eroberung des Gewissens mit Hilfe der aufgezwungenen Moral des iberischen Katholizismus.[8]

Zur ersten Invasion kam es mit der Kolonisierung durch die

[7] Vgl. *O. Ianni*, Raças e classes sociais no Brasil, Rio de Janeiro 1966, 27; *C. Prado Júnior*, Formação do Brasil contemporâneo, São Paulo 1963, 16 f.; *D. Ribeiro*, La cultura latinoamericana. Cuadernos de cultura latinoamericana, Mexiko 1978.

[8] Vgl. *F. Mires*, Die Kolonisierung der Seelen. Mission und Konquista in Spanisch-Amerika, Fribourg-Brigg 1990; *A. Marquinez*, Ideología y praxis de la conquista, Bogotá 1978; *G. Gutiérrez*, Gott oder das Gold, Freiburg-Basel-Wien 1990; siehe auch die beiden diesbezüglichen Klassiker: *R. Ricard*, La conquista espiritual de México, Mexiko 1936; *L. Hanke*, Colonisation et conscience chrétienne au XVI siècle, Paris 1957.

Spanier und Portugiesen im 16. Jahrhundert. Die Indianer wurden unterworfen, und ein eigenständiger zivilisatorischer Prozeß wurde infolgedessen zum Stillstand gebracht. Sodann zwangen uns die Europäer die Sklaverei auf und schafften Schwarze wie Vieh aus Afrika her. Die Kolonie sollte der Bereicherung der Metropole dienen und, sekundär, in Lateinamerika auch die metropolitane Kultur reproduzieren (abzulesen allein schon an den Namen: Neuspanien, Neugranada, Neusantiago usw.).

Die zweite Invasion fand im 19. Jahrhundert statt. Die lateinamerikanischen Nationen erlangten zwar von den iberischen Mächten die politische Unabhängigkeit, wurden aber wirtschaftlich tief in das kapitalistische System integriert, das damals unter der Vorherrschaft Englands und Frankreichs stand. Riesige Scharen von Menschen kommen aus Europa nach Amerika, weil sie für das kapitalistische Industriesystem ihrer Heimatländer zur überschießenden Masse geworden sind und von diesem nicht mehr aufgenommen und für die Produktion aktiviert werden können. Aus der Sicht der Schwarzen und der Indianer ist auch diese Invasion ein Gewaltakt, weil sie sie im Prozeß des Fortschritts an den Rand schiebt und infolge der Ideologie der »Einweißung« der Verachtung preisgibt. Die Söhne und Töchter der Einwanderer schufen sich Inseln des Wohlstandes am Rande, ja vielerorts auch um den Preis der Ausbeutung der billigen Arbeitskraft der Schwarzen oder durch Enteignung der Ländereien der Indianer.

Ab den dreißiger Jahren dieses Jahrhunderts kommt es zur dritten Invasion, die sich ab den sechziger Jahren mit der Etablierung der Militärdiktaturen in den Hauptländern des Erdteils noch verfestigt. Die bürgerlichen Spitzen in den einzelnen Ländern koalieren mit den großen amerikanischen, europäischen und japanischen multinationalen Konzernen. Kapitalistische Beziehungen dringen in sämtliche Räume ein, auch auf dem Lande, und führen zu sozialen Ungleichheiten und Graden von Verarmung, wie unsere Geschichte sie noch nie gesehen hat. Während der Kolonialzeit Exporteure zunächst von Rohstoffen und in der Phase des außenorientierten Modernisierungsprozesses dann von Industrieprodukten, sehen sich die zu Satelliten der Finanzzentren in den kapitalistischen Metropolen gewordenen Länder Lateinamerikas gezwungen, nunmehr harte Währungen (Dollar, Mark und Yen) zu exportieren. So baut sich eine immer grausamere und unmenschlichere Abhängigkeit von den multinationalen Konzernen auf.

Um die unseren Völkern das Fell über den Kopf ziehende Akkumulation des Kapitals auf ihrem Höchststand zu halten, erfand man das Regime der nationalen Sicherheit. Genaugenommen ist und bleibt es ein Regime der Sicherheit für das Kapital, das sich des Staates samt seiner Apparate bemächtigte. Die Sprache, deren sich der Staat gegenüber den Bürgern vorzugsweise bediente, war die Gewalt. Doch auch nach der allmählichen, graduellen Öffnung zur liberalen, bürgerlichen Demokratie haben die Streitkräfte ihre Bevormundung nicht aufgegeben; die Demokratien sind in Wirklichkeit Demokraturen, will sagen: liberale Demokratien mit Zügen von Diktaturen der herrschenden Klasse, unterstützt von den Militärs. Innerhalb dieses gesellschaftlich-politischen Rahmens tat sich nun der Raum auf für eine Kultur des Massenkonsums, angeheizt durch die modernen Medien. Die traditionellen Kulturen scheinen ihre Berechtigung zu verlieren, während andererseits da und dort Schößlinge einer volksverbundenen Kultur sprießen, in Verbindung mit dem organisierten Kampf von Arbeitern und Volksbewegungen, innerhalb deren auch die kirchlichen Basisgemeinden und die verschiedenen Initiativen der Sozialpastoral ihren Ort haben.

Kann man angesichts dieses komplexen und widersprüchlichen Prozesses eindeutig von einer lateinamerikanischen Kultur sprechen? Wenn wir, wie oben dargelegt, unter Kultur die verschiedenen Formen verstehen, in denen Menschen Arbeit, gesellschaftliches Leben, Symbolwelt, Religion und Ökologie organisieren, dann müssen wir sagen, in Lateinamerika herrsche nach wie vor die abhängige, assoziierte und ausschließende Ordnung des Kapitalismus vor; diese koexistiert mit den Trümmern anderer Existenzformen: der Indianer, des Sklavensystems, des Feudalismus ebenso wie der untersten Volksschichten, die – zum Elend verdammt – ums blanke Überleben kämpfen.

Eine lateinamerikanische Kultur als Sinngesamtheit ist ein Mythos. Die kolonisierende und neokolonisierende Invasion, die bis heute kein Ende hat, hat die kulturschaffenden Kräfte bis ins Herz getroffen. Totale Spaltung ist das Kennzeichen dieser Menschen, und in allen Ritzen ihrer Welt hat sich der Invasor eingenistet: zwischen Ureinwohnern und Fremden herrscht eine fundamentale Dualität. Trotz dieses Unterdrückungsprozesses können wir dennoch in vielen Widerstands- und Befreiungsbewegungen von Indianern, Schwarzen, Randexistenzen, Arbeitern und organisch mit diesen Bewegungen verbundenen Intellektuellen, wenn auch erst ganz anfanghaft, Keimlinge einer lateinamerikanischen Kultur ausmachen, in der Indianer, Schwarze, Mestizen und eingewanderte Völker zukünftig konvergieren.

Wie sah in diesem Rahmen der Prozeß der Evangelisierung aus?

III. Christentum in den Kulturen Lateinamerikas

Es geht hier nicht darum, eine äußerst komplexe Geschichte summarisch dazustellen: die der möglichen Evangelisierung der auf diesem Erdteil vorgefundenen Kulturen. Insgesamt kann man sagen, eine Begegnung zwischen den Kulturen, zwischen der des Invasors und denen, die in den amerindianischen Ländern zu Hause waren, habe nicht stattgefunden. Was stattgefunden hat, waren vielmehr eine Konfrontation und eine Beziehung der Vernichtung des Andersseins. Die christliche Religion stand nicht abseits dieses Dramas: die Katechese erteilte sie im Rahmen des Kolonialprojektes, und das ekklesiastische System Europas führte sie auch hier ein. Die Missionare identifizierten, ausnahmslos, den »Orbis christianus« mit der von Gott für die Welt gewollten Ordnung. Kirche und Reich Gottes wurden unmittelbar in eins gesetzt. Papst und Kaiser waren die Vertreter Gottes gegenüber allen Menschen. Weiter unten soll das noch verdeutlicht werden.

Die Katechese mußte ohne den Rahmen eines interkulturellen Dialogs auskommen. Katechese war die Einpflanzung eines bereits fertigen Modells von Christentum. Doch niemand war sich dessen bewußt, daß dieses Modell ein Kulturprodukt Europas darstellte. Es galt als Offenbarung Gottes. Deshalb meinten die Missionare auch, aus den Kontakten mit den Indianern oder mit sonstwelchen Kulturen nicht lernen zu müssen. Sie hätten nur zu geben. Predigt und missionarische Expansion seien göttliches Recht. Widerstand gegen die Arbeit der Missionare sei Anlaß zu einem gerechten Krieg.[9]

[9] Vgl. dazu das 1570 von *Juan Focher O.F.M.* († 1572) verfaßte Buch: Itinerario del misionero en América Latina, Madrid 1960 (Teil I, Kap. V. XI; Teil III, Kap. I–VII). Die Schrift ist ein wahres Vademecum der Missionare, die nach Amerika kamen; an verschiedenen Stellen wird hier der Krieg gegen die Heiden, namentlich gegen die indianischen Ureinwohner, verteidigt. Zahlreiche Quellentexte zur Evangelisierung Lateinamerikas nun auch in: Gott in Lateinamerika. Texte aus fünf Jahrhunderten. Ein Lesebuch zur Geschichte, ausgewählt und eingeleitet von *M. Delgado*, Düsseldorf 1991 (Anm. d. Übs.).

Sämtliche Missionare, einschließlich der prophetischen wie Fray Pedro de Córdoba *(Doctrina cristiana para instrucción e información de los indios en manera de historia,* Santo Domingo 1510–1521) und Bartolomé de Las Casas *(Del único modo de atraer a todos los pueblos a la verdadera religión,* 1537), gehen von der Voraussetzung aus, das Christentum sei die einzige wahre Religion und die Religionen der Indianer seien falsch und Teufelswerk. Diskutiert wird über die Methode: ob man Gewalt und Zwang anwenden könne (was in Verbindung mit der Kolonisierung das übliche Vorgehen war) oder ob man den taktvollen, milden und sanften Weg (so die Formulierung von Las Casas) gehen solle. Auf dem einen wie auf dem anderen Weg will man ans selbe Ziel gelangen: die Bekehrung des anderen. Eine theologische Deutung der indianischen Kulturen und Religionen gibt es nicht; die einzige Ordnung, die in Gottes Willen stehe, sei die der Christenheit; so komme es darauf an, alle Menschen dazu zu bringen, sich auf diese religiöse Ordnung einzulassen, die zugleich auch kulturell sei.

Nimmt man andererseits die ersten Katechismen des 16. Jahrhunderts (die Bildkatechismen, das Glaubensbuch des schon genannten Fray Pedro de Córdoba, das *»Kolloquium der zwölf Apostel«* des Fray Bernadino de Sahagún, die drei katechetischen Schreiben des Fray Alonso de Molina, des Fray Juan de la Anunciación u.a.)[10] in den Blick, so springt einem eine Konstante ins Auge: die Verteufelung der Religionen der Indianer. Dieses ständige Angeprangertwerden ruft bei den Azteken und Inkas eine grenzenlose Ratlosigkeit, eine regelrechte Empörung hervor. Sowohl die spanischen als auch die portugiesischen Missionare führen einen wahren Krieg gegen die Medizinmänner und Priester der Indianer. Mission beinhaltet Krieg gegen den Götzendienst. Was die Vorfahren der Azteken lehrten und als Erbe hinterließen, »ist alles Lüge, Nichtigkeit und Fiktion und hat nichts von Wahrheit«.[11] Gegen die mexikanischen Weisen, gegen die Führer des Volkes, betonen die Missionare: »Wißt und haltet für wahr, daß keiner von all den Göttern, die ihr anbetet, Gott oder Schenker des Lebens ist, sondern daß alle hölli-

[10] Zu finden sind diese Katechismen bei: *J. Guillermo Durán,* Monumenta chatechetica hispanoamericana, Bd. 1, Buenos Aires 1984.

[11] Los coloquios de los doce apóstoles, in: Monumenta (Anm. 10), 215.

sche Teufel sind.«[12] Der Höhepunkt ist, wenn die Barbarei der Kolonisatoren gegen die Indianer als gerechte Strafe für die Sünden des Götzendienstes verstanden wird. Gedroht wird obendrein: »Wenn sie nicht die Worte Gottes hören..., wird Gott, der angefangen hat, sie zu vernichten, sie am Ende mit einem Schlag vernichten.«[13]

Schließlich wird die Strategie des Angstmachens eingesetzt. Der erste zwischen 1510 und 1521 in Lateinamerika, näherhin in Santo Domingo von der Gruppe um Fray Pedro de Córdoba verfaßte Katechismus beginnt mit der Offenbarung »eines großen Geheimnisses, von dem ihr noch nie etwas erfahren oder gehört habt«: Gott habe den Himmel und die Hölle geschaffen. Im Himmel seien alle, die sich zum christlichen Glauben bekehrt und gut gelebt hätten, in der Hölle »alle, die bei euch gestorben sind, alle eure Vorfahren: Väter, Mütter, Großeltern und alle, die existiert und durch dieses Leben gegangen sind. Und dorthin werdet auch ihr kommen, falls ihr nicht Freunde Gottes werdet und euch taufen laßt und Christen werdet; denn alle, die keine Christen sind, sind Feinde Gottes.«[14] Und dann folgen die gebührenden Beschreibungen, die makabren von der Hölle und die idyllischen vom Himmel, mittels deren die Indianer überzeugt werden sollen, sich für den christlichen Glauben zu entscheiden. In Brasilien belegen die Jesuiten: »Aufgrund eigener Erfahrung wissen wir, daß es ausgesprochen schwierig ist, die Indianer mit Liebe zu bekehren; doch da sie knechtische Menschen sind, tun sie aus Angst alles.«[15] Ständig wurde über Tod und Gericht gepredigt, so daß man glauben konnte, die Missionare seien imstande, dem Tod auszuliefern, wen immer sie wollten. So bezeugt ein Jesuitenmissionar: »Die einen kamen, um uns um Gesundheit zu bitten; die anderen ersuchten uns aus Angst vor uns, ihnen nicht den Tod zu geben, denn es schien ihnen, daß wir ihnen den Tod gaben.«[16] Was ist das für ein Evangelium, das sich auf die Predigt stützt, alle, die man in der Vergangenheit geliebt habe, seien verdammt, in der Verteufelung

[12] Coloquios, 187.
[13] Coloquios, 93. 164.
[14] In: Monumenta (Anm. 10), 228.
[15] Cartas dos primeiros jesuitas do Brasil, Bd. 2, Rio de Janeiro 1938, 27.
[16] Ebd., 379.

dessen, was ihnen das Heiligste war, und in der Terrorisierung mit Tod, Gericht und Hölle?[17]

Die Art und Weise, wie in der Gründungsphase der Kirche in Lateinamerika evangelisiert wurde, bedarf einer theologischen Kritik. Selbst in strikt theologischen Fragen fördert eine Untersuchung der angesprochenen Katechismen ein zutiefst fragwürdiges und bisweilen irrtümliches Verständnis zutage. Von biblischer Inspiration oder vom Christentum als einer Geschichte, in der Gott die Menschen mit Gnade und Vergebung aufgesucht hat, ist wenig zu spüren. Was den Ton angibt, ist die Struktur der griechischen, lehrhaften, abstrakten und universalgültigen Metaphysik, und zwar einer bestimmten Art von Metaphysik, wie sie für die sogenannte Ontotheologie charakteristisch ist. Danach befinden sich dort oben der Himmel als Ort der Wonne und hier, im Mittelpunkt der Erde, die Hölle als Ort des Leidens und der Strafe (so der erste lateinamerikanische Katechismus von Fray Pedro de Córdoba). Bei der Darstellung Gottes hält man sich eher an das philosophische Gebäude der Griechen, das heißt an das höchste Wesen mit seinen Attributen, als an das biblische Modell des Gottes im Bund mit der Menschheit (Noach), mit dem Volk (Abraham und Mose) und mit dem Herzen eines jeden Menschen (Propheten) ebenso wie des Gottes voller Zärtlichkeit für die Armen (die gesamte biblische Tradition). Von Jesus hat man ein metaphysisches Verständnis im Sinne der beiden Naturen, der menschlichen und der göttlichen (für beide je sieben Glaubensartikel), ohne daß irgendwo auf die Nachfolge Bezug genommen würde. Die Moral der Gebote ist klar kasuistisch und verläuft in den Bahnen des europäischen Verständnisses von Ethik, ohne daß irgendwo die Ethik der indianischen Kultur berücksichtigt würde, es sei denn in Punkten, in denen man sie spezieller Sünden bezichtigt.

Läßt sich da, theologisch, von Evangelisierung sprechen? Korrekter wäre es, von Expansion und Implantation der europäischen Kultur zu sprechen, welche das Evangelium auf ihre Weise assimiliert hatte und es in dieser bereits inkulturierten und auch begrenzten Form zu den Zeugen-Kulturen der Ureinwohner schaffte. Was hier stattfand, war ein Krieg von Idola-

[17] Vgl. dazu die wichtige Arbeit von *J. O. Beozzo*, Visão indígena da conquista e da evangalização, in: Inculturação e libertação (Anm. 2), 79–104.

trien, wenn wir die Verwechslung ernst nehmen wollen, der sowohl die Missionare als auch die Weisen unter den Ureinwohnern erlagen, will sagen: die Identifizierung eines Bildes von Gott mit der eigentlichen Wirklichkeit Gottes. Kein einziger Missionar war sich dessen bewußt, daß der Gott, den er verkündete, ein kulturbedingtes Bild war, synkretistisch zusammengesetzt aus biblischen, griechisch-lateinischen und germanischen Elementen, und nicht Gott selbst, der ja jede Sprache und jede Darstellung übersteigt; genauso waren auch die Gottheiten in den Kulturen der Indianer Darstellungen des Geheimnisses Gottes und nicht Gott selbst. Götzendienst besteht in seinem Kern darin, daß die Wirklichkeit Gottes mit einem Bild von Gott, das ja ein Produkt von Kultur ist, in eins gesetzt wird. Unbekümmert identifizierten die Missionare ihr Gottesbild mit Gott selbst. Sollten wir einer solchen internen theologischen Kritik unfähig sein, werden wir nie imstande sein, unser Anliegen zu verwirklichen, das heißt: eine neue Evangelisierung zu konzipieren.

Das 19. Jahrhundert verfestigte und radikalisierte in gewisser Weise die Art der Evangelisierung, die man hier eingeführt hatte. Das Christentum zentralisierte sich zunehmend um die Gestalt des Papstes, ja, die ganze Kirche wurde romanisiert. Missionieren hieß fortan, den römischen Katholizismus in seiner Gesamtheit in alle Ecken der Welt zu bringen; die Völker, die sich bekehrten, durften kein eigenes kulturell-christliches Projekt mehr haben, sondern hatten die Bestimmungen anderer bezüglich ihrer und oft genug auch gegen sie zu akzeptieren.

Dieses Modell geriet in eine Krise, weil es nicht den ekklesialen Herausforderungen entsprach, die sich den Kirchen in Lateinamerika stellten. Das II. Vatikanische Konzil förderte eine Ekklesiologie, die die Ortskirchen aufwertet und der es um die Inkulturation des Evangeliums geht. Innerhalb dieses Freiheitsraumes konnten dann die Gesamtlateinamerikanischen Bischofsversammlungen in Medellín (1968) und Puebla (1979) stattfinden; hier wie dort kam es das erste Mal zu einem großartigen – kollektiven – Aufbruch in Richtung auf eine Evangelisierung in den Bahnen der Kultur des Volkes, ausgehend von den Armen und von den unterdrückten Kulturen. Erst jetzt tut sich die historische und ekklesiale Chance zur Bildung eines lateinamerikanischen Katholizismus auf, in den die Merkmale der verschiedenen bei uns vorfindlichen Kulturen einfließen und der sich zwangsläufig vom europäischen Katholizismus abhebt, gleichwohl für ihn offen ist und sich in Gemeinschaft weiß mit anderen Katholizismen, die in den unterschiedlichen Kulturen – als Frucht der Inkulturation der christlichen Botschaft – werden entstehen müssen. Anfänglich Komplize mit der kolonialen und neokolonialen Unterdrückung, wiewohl prophetisch auftretend gegen die Übergriffe dieses Unternehmens (ohne es jedoch in seiner Legitimität in Frage gestellt zu haben) und solidarisch mit dem Autonomiestreben unserer Länder mittels vereinzelter Versuche einiger Kirchenvertreter, welche das Unabhängigkeitsverlangen unterstützten und förderten (wie José Maria Morelos y Pavón in Mexiko [1765–1815], Frei Joaquim do Amor Divino Rabelo Caneca [kurz: Frei Caneca] in Brasilien [1774–1825] u. a.), tritt das Christentum jetzt eindeutig für Befreiung und volle Autonomie ein, immer in Gemeinschaft mit der Weltkirche und in Offenheit für sie.

Dies also ist der Entwicklungsgang der Evangelisierung, wie sie vom kirchlichen Apparat offiziell gehandhabt wurde. Direkt an die Interessen der herrschenden Macht gebunden, vermochte sie es nicht, eine Inkulturation zuwege zu bringen, welche die hier vorhandenen Kulturen geachtet, den Dialog mit ihnen gesucht und sie sich zu eigen gemacht hätte. So verdoppelte sie nur den in Europa mittlerweile inkulturierten Katholizismus.

Freilich gab es auch eine andere Form von Inkulturation des christlichen Glaubens, auf der Schiene des Volkskatholizismus nämlich.[18] Dieser ist keine Entartung des offiziellen Katholizismus, sondern hat sein eigenes Profil. Seine Grundlage sind im wesentlichen Heiligenverehrung und religiöse Feste. Träger des Gebäudes des Volkskatholizismus sind weder der Klerus noch der ekklesiastische Apparat, sondern das Volk, die Laien, die Frommen. Der Volkskatholizismus hat die Volkskultur in sich aufgenommen; ohne von der offiziellen Kirche kontrolliert zu werden, konnte er sich im Universum der Vorstellungswelt des armen Volkes inkulturieren. Deshalb ist er authentischer als andere Formen und stellt eine originale Schöpfung des christlichen Volkes auf unserem Erdteil dar. Vielleicht ist er die einzige singuläre Inkulturation der christlichen Botschaft in Lateinameri-

[18] Vgl. *E. Hoornaert*, O catolicismo moreno, Petróplis 1990.

ka, bei allen Widersprüchen, die an ihm zu beobachen sind; denn in allen Äußerungen eines unterdrückten Volkes haust immer auch der Unterdrücker, so daß in allem Popularen auch Nichtpopulares steckt. Diese Art von Inkulturation, die wir eben Volkskatholizismus nennen, war ein Element des Widerstandes und ist, heute, weithin ein Motor zur politischen Befreiung des Volkes.

Eine neue Evangelisierung und damit ein Prozeß der Inkulturation des Evangeliums wird derzeit auf breiter Ebene und in sachgerechter Weise von jenen engagierten Kirchen realisiert, die die vorzugsweise Option für die Armen ernst nehmen und nicht spiritualisieren. So haben wir ein neues Bündnis der Hierarchie mit der vielgestaltigen Basis des armen Volkes. Daraus erwächst dann jenes riesige Netz von Basisgemeinden, die zu einer wahren Ekklesiogenese geführt haben. Das heißt: Aus dem Glauben des Volkes wird durch den Geist Gottes unter den Bedingungen des Elends, das aber fortan nicht mehr hingenommen, sondern dank einer befreienden Sicht und Praxis abgelehnt wird, ein neues Modell von Kirche geboren. Die Kirche der Armen, auch Kirche an der Basis genannt, ist eine geschichtlich-gesellschaftliche Realität. Sie zeitigt eine neue Präsenz der christlichen Botschaft unter den spezifischen Bedingungen Lateinamerikas, das sich in einem Prozeß befindet, in dem es sich seiner Widersprüche bewußt wird und die vielfältige Unterdrükkung abschüttelt.

Die Theologie der Befreiung speist sich aus dieser neuen Praxis der kirchlichen Basisgemeinden, welche die Kirche der Armen bilden. Als eine spezifische Art der Reflexion offenbart sie sowohl eine neue Form, Christ und Christin zu sein, als auch das Auftauchen einer neuen Kultur, die im Dialog zwischen Glauben und Volk, zwischen Evangelium und sozialer Gerechtigkeit heranreift. Die Theologie der Befreiung leistet ihren Beitrag zu dem umfassenden Befreiungsprozeß, der auf dem ganzen Erdteil in Gang ist.

IV. Was ist das Evangelium angesichts der Kulturen und Religionen?

Die zuvor angeklungenen Probleme bezüglich der Evangelisierung in Lateinamerika verweisen uns auf eine noch grundsätzlichere Frage: Was ist überhaupt das Evangelium angesichts der Kulturen und Religionen?

Wir beginnen mit dem umfassenderen Begriff, dem der Kultur. Wie schon beschrieben, ist die Kultur ein allererstes Faktum. Alles, was menschlich ist, ist auch kulturell, auf welcher Ebene wir das »Menschliche« auch nehmen. Der Mensch lebt in der Kultur wie in einer Wohnung. In der Kultur erarbeitet er sich seine menschlichen – gesellschaftlichen wie persönlichen – Reaktionen auf die Existentialien, die sein Leben als Mensch strukturieren: das Verhältnis zu den Gütern seiner materiellen Existenz, zu sich selbst, zu den anderen, zur Natur, zu den Traditionen, zum jenseitigen Leben, zu Gott. Die Religion stellt eine der größten, wenn nicht die größte kulturelle Schöpfung des Menschen dar. Durch sie gehen die größten Hoffnungen, vermittels ihrer finden die Menschen Antworten auf die hartnäckigsten Fragen, und in ihr werden die letzten Begriffe eingesetzt, die mit Heil, mit ewigem Leben und mit Verderben zu tun haben. Nicht ohne Grund rufen Mächtige, wenn sie sich rechtfertigen wollen, immer wieder die Religion an, verleiht diese ihren Anordnungen doch einen letzten, unwiderruflichen Charakter. Jede Kultur produziert ihre Religion, das heißt: entwirft Antworten auf den Durst des menschlichen Herzens nach Tiefe und nach Ewigkeit.

Es gibt anthropologische Konstanten, die – wenn auch unterschiedlich artikuliert – in allen Modulationen immer wiederkehren, wie etwa der Zwang zum Organisieren der Mittel für die Produktion und Reproduktion des Lebens (Nahrung), der Mittel wie Wohnung, Kleidung, Kommunikation (Sprache und Symbole) und Arbeit ebenso wie etwa die Notwendigkeit, die geschlechtlichen Rollen, die gesellschaftlichen Arbeitsverhältnisse, die Formen der Macht usf. zu regeln. Eine grundlegende anthropologische Konstante ist die Utopiefähigkeit des Menschen, sein Bedürfnis, große Träume zu entwerfen und sich ein endgültiges Bild von Geschichte und Welt zu machen. Die archaischsten Mythen haben mit solchen Fragen zu tun. Der Mensch, so wie wir ihn kennen, kann nicht leben, ohne sich kulturell derartige Grundachsen zu erarbeiten.

1. Kulturelle und theologische Bedeutung der Religionen

Religion ist nicht nur eine Antwort auf den Hilfeschrei in der Not oder eine Stillung des Durstes nach Fülle; alles das liegt auf der Ebene der Entbehrung. Darüber hinaus gibt es auch die Kategorie der Gratuität, des Ungeschuldeten; der Mensch möchte wissen, wer der ist, von dem er sich gerufen fühlt und mit dem er aus freier Entscheidung in Beziehung treten kann in Dienst, Danksagung und vertrauensvoller Hingabe. Die Religionen entwerfen bestimmte metaphysische Inhalte, kleiden sie in die Sprache der Positivität oder der Negativität und sagen die Fülle und das Sein oder die Leere und das Nichts als menschliche Ausdrucksformen dessen aus, was Menschen als das Wichtigste und Bedeutsamste erfahren: Gott, Tao, Nirwana usw.

Dieses Phänomen verdient es, theologisch gedeutet zu werden. Für die christliche Theologie sind die Kulturen, was ihre Ermöglichung von Sinn für das Leben, was ihre ethische Dimension und was vor allem ihren religiösen Ausdruck angeht, ein Widerhall der Stimme Gottes, der sich der Gesellschaft wie auch jeder einzelnen menschlichen Subjektivität immer wieder zuwendet. Die Kulturen sind Ant-worten, die die Menschen mehr oder weniger treu auf das vorausgehende Wort von seiten des Gottes der Gemeinschaft, des Lebens und der Fülle geben. Insbesondere die Religionen sind Re-aktionen auf die Erst-aktion Gottes. Sie sind Weisen, die Selbstmitteilung Gottes an seine Geschöpfe aufzunehmen. Sie sind Kanäle, durch die Gott der Menschheit seine Offenbarung zukommen läßt, bei all ihren Unterschieden in Zeit, Raum und kultureller Ausprägung.

Die ersten elf Kapitel der Genesis erinnern uns an die bleibende Aktualität der Offenbarung, die Gott allen Völkern macht, gestern wie heute. Die dogmatische Konstitution *Dei Verbum* des II. Vaticanums sagt nachdrücklich: Gott »hat sich selbst schon am Anfang den Stammeltern kundgetan... Ohne Unterlaß hat er für das Menschengeschlecht gesorgt« (Nr. 3). »Viele Male und auf vielerlei Weise hat Gott zu den Vätern gesprochen« (Hebr 1,1).[19] Der Evangelist Johannes ist sich dessen bewußt, daß »das wahre Licht mit seiner Ankunft in der Welt jeden Menschen erleuchtet« (1,9). Schon immer hat der Geist in der Welt der Menschen gewohnt und deren Herz zu lebenstiftenden Taten begeistert. Oder noch tiefer theologisch gesprochen: Schon immer hat die Dreifaltigkeit, als Geheimnis der Gemeinschaft der drei göttlichen Personen, sich selbst der Schöpfung wie auch dem Leben jedes einzelnen Menschen hingegeben und sich – unter den Formen von Gesellschaftsfähigkeit, gegenseitiger Offenheit, Liebe und Hingabe, aber auch Anklage und Protest gegen die Abwesenheit dieser Werte – den Gemeinschaften der Menschen geoffenbart. Die ganze Menschheit ist Tempel der Dreifaltigkeit, unabhängig von Zeit, Raum und Religion. Alle Menschen sind Söhne und Töchter im Sohn, alle Menschen stehen unter dem Antrieb des Geistes, und alle Menschen werden emporgezogen vom Vater.

Doch neben dieser positiven Realität herrscht auch Negativität in der Welt: die Geschichte der Verweigerung, der Konzentration auf sich selbst bis hin zum Ausschluß der anderen und des Anrufs durch das Geheimnis. Auf dem Weg durch die Geschichte geht die Gnade in der Begleitung der Sünde einher. »Jeder Mensch [Mann wie Frau] ist Adam, jeder Mensch ist Christus«, sagt Augustinus mit einem feinen Gespür für die Widersprüche in der Wirklichkeit. Aus diesem Grund feiern die Menschen nicht nur den Sinn, sondern stoßen sich auch an der Sinnlosigkeit. Unkraut wuchert allerorten im Weizen, immer wieder, unzertrennlich.

Aufgrund dieser negativen Dialektik in der Menschheit gibt es den Propheten, der anklagt und den Märtyrertod stirbt, und den Hirten, der Neues ansagt und alle Dimensionen des Lichtes und des Lebens ermutigt. Auch hier, wiewohl *sub contrario*, offenbart sich die Dreifaltigkeit.

Die Kulturen als ein Ganzes verarbeiten diese komplexe und dramatische Dialektik. In ihnen nehmen die Menschen die Mit-

[19] Treffend sagt das II. Vaticanum, Gott habe »entsprechend der den verschiedenen Zeiten eigenen Kultur gesprochen« (Gaudium et spes, Nr. 58; vgl. Nr. 44).

teilung Gottes liebevoll an, oder sie weisen sie ab, oder (was am häufigsten ist) sie bleiben unentschieden ihr gegenüber, so daß Annahme und Ablehnung nicht total sind, sondern sich eher in einem Prozeß befinden und sich mischen und ein gerechtes Urteil darüber, auf welcher Seite der Anruf Gottes gehört und auf welcher Seite ihm mit Ungehorsam begegnet werde, schwierig ist. Die Religion bündelt die diffusen Antworten der Kultur und kodifiziert sie in Ritus und Lehre, in Symbolen und ethischen Normen. In einer solchen fundamentaltheologischen Perspektive sind alle Religionen Ant-wort auf das vorgängige Wort Gottes. Sie sind normale Wege der Kulturen zur Gottheit. Aber sie sind auch Wege der Gottheit zu den Kulturen. Gott begegnet den Menschen und Gemeinschaften konkret dort, wo sie stehen, und so, wie sie sich in Raum und Zeit organisiert haben. Dort sucht er sie auf, in Gnade und Vergebung, in der prophetischen Anklage ihrer Fehler und Irrtümer wie auch in Belohnung und Lob für ihr Gelingen und ihre großen Leistungen.

Diese Sicht, die wir hier vortragen, ist Gemeingut der gesamten Kirche des II. Vaticanums. Sämtliche Konzilsväter helfen uns zu verstehen, daß Offenbarung nicht primär ein Kompendium von Sätzen ist, die als wahr zu gelten haben, weil Gott selbst es so festgesetzt hat. Das Konzil lehrt uns, daß Offenbarung das befreiende Wirken Gottes in der Geschichte ist, mittels dessen er Leben in Fülle schafft und sich selbst sowohl dem Leben der Menschen als auch seiner Schöpfung hingeben kann *(Dei verbum)*. Dieses Verständnis ermöglicht eine positive Einschätzung der Geschichte der Menschheit, die zwar von Gnade und Sünde durchdrungen, der am Ende jedoch der Sieg der Gnade sicher ist *(Gaudium et spes)*. Innerhalb der Geschichte der Menschheit verdienen die Religionen eine ausgesprochen positive Bewertung *(Nostra aetate)*. Diese Würdigung ist ihrerseits die Grundlage für Religionsfreiheit, Ökumene und Dialog zwischen den Religionen *(Dignitatis humanae)*. Die Kirche ist als universales Heilssakrament zu verstehen *(Lumen gentium)*, weil sie Dienerin aller Menschen ist, vor allem aber derer, die auf der Suche nach Leben und Heil sind *(Gaudium et spes)*.

2. Vier Bedeutungen von Evangelisierung

Was bedeutet in diesem Horizont Evangelisierung?

An *erster* Stelle bedeutet Evangelisierung eine Bezeugung dieses Verständnisses voll Achtung und Bejahung der Kulturen, um Gottes willen wie um des Werkes willen, das er in den Kulturen tut. Der erste Missionar ist die Dreifaltigkeit, die durch den Logos und den Geist in jeder Bekundung von Kultur präsent ist. So müssen sich alle in dem Maße gegenseitig evangelisieren, als sie den Zeichen Gottes in den Kulturen begegnen, als sie sie würdigen, bejahen, bewundern und – als von den eigenen verschieden – achten müssen und als sie Gemeinschaft mit ihnen aufzunehmen haben, wie man Gemeinschaft mit Gott aufnimmt. Doch diese Evangelisierung ist nur möglich, wenn ihr vorausgeht, was *Evangelii nuntiandi* als »wesentliches und in der Regel erstes Element« bezeichnet, das heißt: »Zugegensein, Anteilnahme und Solidarität« seitens derer, die im Blick auf die Kultur evangelisieren wollen (Nr. 21). Man kann niemanden evangelisieren, wenn man sich nicht zuvor für das Leben und die kulturerzeugenden Kräfte einsetzt, die durch die Evangelisierung erreicht werden sollen. Es ist nicht damit getan, nur da zu sein (Zugegensein), man muß sich auch auf die betreffende Kultur einlassen, Lebenssinn in ihr entdecken und sie lieben (Anteilnahme), und schließlich muß man solidarisch mit ihr sein; das ist freilich nur möglich vermittels eines Prozesses der Identifikation mit ihren Erfolgen und Rückschlägen, mit ihren Möglichkeiten und Grenzen; sich mit einer Kultur solidarisieren schließt ein, daß man sich sowohl ihre Licht- als auch, kritisch, ihre Schattenseiten zu eigen macht, denn Kultur ist immer ein Ganzes. Opportunistisch nur das haben wollen, was einem gut (nach welchen Anhaltspunkten?), und das ablehnen, was einem minderwertig erscheint, ist hier nicht gestattet. Solidarisieren heißt: in die Kultur eingehen und ihr helfen, auf der Grundlage ihrer schlummernden Möglichkeiten zu wachsen und sich zu entfalten (das ist die Funktion der kritischen Auseinandersetzung und der schöpferischen Praxis, der ständigen Quellen kulturellen Schaffens). Einzig auf der Grundlage dieses Prozesses von Sympathie und Empathie hat, *Evangelii nuntiandi* (Nr. 22) zufolge, eine explizite Evangelisierung Sinn, die die positiven Aussagen des Christentums thematisiert: Reich Gottes, Inkarnation, Auferstehung, Gotteskindschaft und andere Inhalte der Utopie des Evangeliums.

Dieser erste Punkt darf nicht als eine Art *Praeparatio evangelica* betrachtet werden, als so etwas wie eine Taktik der *Captatio benevolentiae*. Es geht tatsächlich schon um das Evangelium selbst, als Atmosphäre des Wohlwollens und des Gewahrwerdens, daß Gott selbst in den Kulturen anwesend ist. Es ist eine Mystik, die in die Tiefe schaut und in den kulturellen Erzeugnissen die menschliche Ant-wort auf das vorgängige Wort Gottes erspürt. Eine solche Atmosphäre ist so wichtig und so wesentlich, daß sie eine *Condicio sine qua non* für jede ausdrückliche Evangelisierung bildet. Sollte diese ohne die Mystik der universalen und je aktuellen Präsenz des dreifaltigen Gottes in den Kulturen geschehen, bedeutet das, daß hier theologische Inhalte im Gewand einer Kultur durchgesetzt werden, die jene andere Kultur, die evangelisiert werden soll, überlagert. Ohne das Evangelium der Geschwisterlichkeit gibt es keine Botschaft oder Praxis, die den Namen »Evangelisierung« beanspruchen könnte. So gesehen geht uns auf, wie problematisch die »erste Evangelisierung« Lateinamerikas im 16. Jahrhundert war. Ihr Kontext war weder Brüderlichkeit noch Schwesterlichkeit, sondern Eroberung, Beherrschung und Zerstörung des und der anderen.

Zweitens muß die Religion der betreffenden Kultur theologisch bejaht werden. Bekanntlich bildet die Religion, so wie wir sie zuvor beschrieben haben, die Seele der Kultur. Findet kein Dialog mit der Religion statt, so wird man auch nie die betreffende Kultur in ihrer Tiefe und von ihrem Selbstverständnis her begreifen können. Immer bleibt es dann bei einer rein äußerlichen und, im Grunde, perversen Betrachtung, weil man den Menschen nicht gerecht wird, welche die besagte Kultur und die vielen hohen Bedeutungen leben, die sie mit ihrer Religion verbinden. Allen – uns bekannten – Evangelisierungsprozessen, in denen die Religion des, der anderen bekämpft, wenn nicht vernichtet wurde, folgte immer auch ein Prozeß der kulturellen Unterwerfung und des Aufzwingens eines bereits inkulturierten Christentums. Das heißt: Eine Evangelisierung im Sinne einer Eigenerarbeitung des Evangeliums als Froher Botschaft auf der Grundlage der kulturellen Grundmuster des anderen fand nicht statt.

Teil der Evangelisierung ist die Praxis Jesu. Jesus fühlte sich verwurzelt in der Religion seines Volkes. Die »Schriften« waren für ihn die Hebräische [Altes Testament] und nicht die Griechische Bibel [Neues Testament]. Jesus war kein Christ, sondern ein Jude. Was das Volk an Glaubenserfahrung überlieferte, war für ihn der Ausgangspunkt für die Vermittlung seiner Offenbarungserfahrung des Vaters, der einen Sohn hat und der in der Kraft des Geistes verändernd in der Geschichte des Aufbaus des Gottesreiches am Werk ist. In der Sprache Pauls VI., der in seinem Rundschreiben *Evangelii nuntiandi* die Tatsache herausstellt, Jesus sei »der allererste... Künder des Evangeliums« (Nr. 7) gewesen, heißt Evangelisieren grundsätzlich das tun, was Jesus tat: Jesus sagte eine große Hoffnung an – das Reich nämlich, das auf den utopischsten Dimensionen in der Tiefe des Menschen aufbaut, eine Schöpfung, endlich erlöst und befreit von jedweder Unterdrückung, in der Freude, Gott zu kennen und von Gott gekannt zu sein. Daß diese Utopie in der Geschichte Wirklichkeit werden kann, dazu gehört ein Prozeß persönlicher wie kollektiver Veränderung, der Umkehr, Bekehrung heißt. Diese Utopie gibt sich in konkreten, das glückliche Ende vorwegnehmenden Zeichen zu erkennen. Eines der überzeugendsten Zeichen ist der Aufbau einer Gemeinschaft, welche – im Rahmen der alten Welt – schon aus diesem Neuen lebt, welche gegenüber den anderen die Zeichen bezeugt, die von den geschichtlichen Entbehrungen und Belastungen der Existenz (Krankheit, Hunger, Verachtung der Armen, die fortan die Erstadressaten des Evangeliums sind, usw.) befreien, und welche gleichzeitig auch andere einlädt, sich zu einer Gemeinschaft zusammenzuschließen. Eine Evangelisierung, die sich in dieser Weise auf den Weg macht, hat als Verheißung die Erneuerung der Menschheit, so daß in einer von ihren Wurzel her sanierten Kultur neue Männer und Frauen geboren werden können (vgl. *Evangelii nuntiandi*, Nr. 7–17; 18–21).

An *dritter* Stelle hat die Evangelisierung dort, wo sie den Kulturen begegnet, das zu zeitigen, was ihr Name verkündet: die Frohe Botschaft. Was ist die Frohe Botschaft? Für wen ist die Frohe Botschaft froh? *A priori* steht nämlich keineswegs fest, was frohe Botschaft ist – ohne einen Bezug zu den konkreten Kulturen und zu der Form, wie diese die Grunderwartung der menschlichen Existenz artikulieren. Mit guten Gründen können wir davon ausgehen, daß den verschiedenen Kulturen ein transkulturelles Datum innewohnt, welches an den Ursinn von Leben rührt: daß sich das Leben bestätigt sehen will und daß das System des Lebens den Wunsch hat, ewig zu leben und sich in Fülle zu verwirklichen. Der Mensch will leben, und er will ohne Grenzen leben, nicht im Sinne einer bloßen Verlängerung eines sterblichen Lebens, sondern im Sinne einer Verwirklichung der in ihm schlummernden Möglichkeiten, welche sich zum Ausdruck bringen in Verlangen, Libido, Utopie und Hoffnung gegen alle Hoffnung. Der Tod läßt sich am schwersten integrieren, weil er eine Bedrohung für den Wunsch nach Leben ohne Grenzen ist. Worin besteht da die radikale Frohe Botschaft? Sie besteht darin, als Verheißung und Verwirklichung hören zu können: Für jeden und für jede von uns gibt es ein Leben jenseits des Lebens, ja, es gibt die absolute Verwirklichung des Lebens als Aktualisierung all seiner ihm innewohnenden Potenzen von Sein, Einheit und Gemeinschaft. Genau das aber bedeutet Auferstehung.[20] Auferstehung ist viel mehr als Wiederbelebung eines Leichnams. Auferstehung ist die Erfüllung und Verwirklichung des Lebens in seiner Lust zu leben. Frohe Botschaft also ist die Auferstehung.

Worin besteht die positive Konkretion des Christentums? Sie besteht in der Feststellung, unsere Utopie (im prägnanten und positiven Sinn des Wortes) sei in dem Menschen Jesus von Nazaret, der unter Kaiser Augustus zur Welt gekommen und unter Pontius Pilatus gekreuzigt worden ist, Geschichte geworden. Dieses glückliche Ereignis bedeutet nicht nur ein Datum in der Biographie Jesu, sondern es ist eine Aussage über die gesamte Menschheit, daß diese nämlich in ihrer Hoffnung auf Leben nicht zum Scheitern verurteilt ist, sondern daß sie hofft, weil

[20] Das neue Leben Jesu wurde in der Urkirche vermittels zweier unterschiedlicher Kategorien gedeutet: der der Erhöhung des lebenden Gerechten (apokalyptischer Hintergrund) und der der Auferstehung bzw. Auferweckung (eschatologischer Hintergrund). Dabei handelt es sich um zwei verschiedene Kulturkodizes, mit denen das Novum ausgedrückt werden soll, daß der Gekreuzigte jetzt wieder auf eine einzigartige Weise lebt (Paulus nennt Christus *novissimus Adam*, der einen geistigen Leib habe: 1 Kor 15,44). Doch geht es nicht um die Wiederbelebung eines Toten, sondern um die volle Verherrlichung und Verklärung der ganzen irdischen Wirklichkeit Jesu, in seiner Körperlichkeit wie in seiner Geistigkeit. Vgl. *L. Boff*, Die Auferstehung Christi – Unsere Auferstehung im Tod, in: ders., Jesus Christus, der Befreier, Freiburg-Basel-Wien [3]1989, 365–441. Zum Ganzen: *H. Kessler*, Sucht den Lebenden nicht bei den Toten. Die Auferstehung Jesu Christi in biblischer, fundamentaltheologischer und systematischer Sicht, Düsseldorf [2]1987 (mit Lit.).

Auferstehung möglich ist, und daß das, was möglich ist, schließlich an einem Mitglied unserer Gattung geschehen ist. Was in Jesus schon Gegenwart und Wirklichkeit ist, ist reale Zusage für jeden Menschen. In die menschliche Masse tritt die Antizipation des neuen Lebens ein, ja, dieses wohnt bereits in unserer ermüdeten, altgewordenen Existenz.

Das Kernstück der Frohen Botschaft ist die Kunde, daß das Leben triumphiert hat, dank jemandem, dem man gewaltsam das Leben nahm, indem man ihn zu Unrecht ans Kreuz schlug. Die Auferstehung ist keine schlichte und einfache Behauptung des Lebens à la Nietzsche, sondern sie ist die Verklärung des Lebens aus der geschichtlichen Niederlage des Lebens heraus. Das erinnert uns an die Verheißung, daß die ersten nach dem Einzigen (Jesus), welche die Auferstehung erben werden, jene sind, denen dasselbe Geschick widerfuhr wie Jesus, die starben und fielen für die Sache der Gerechtigkeit und des Lebens der Verarmten, für die man Anklage erhebt, kämpft und das eigene Leben hingibt. Jesus ist der erste unter vielen Geschwistern (vgl. Röm 8,29), die auch an der Auferstehung teilhaben.

Warum war Jesus es, der von den Toten auferstand, und nicht jemand anders, in einer anderen Zeit? Dies war in der Tat eine Frage, welche die christliche Urgemeinde sehr beschäftigte. Fachleute sagen, erst aufgrund der Auferweckung sei der Prozeß der christologischen Reflexion in Gang gekommen.[21] Das heißt: Man stand vor der grundlegenden Frage: Wer ist denn dieser Jesus, den wir gekannt, dessen Leben wir geteilt, dessen Tun wir gesehen und dessen Hinrichtung am Kreuz wir ohnmächtig miterlebt haben, dessen Auferweckung wir aber jetzt erleichtert bezeugen? Wie ist dieser so verklärte Mensch eigentlich zu verstehen? Um eine sachgerechte und erschöpfende Antwort (sofern diese überhaupt möglich ist) auf diese Frage zu finden, gab man Jesus eine Vielzahl von Titeln: Prophet, Rabbi, Wundertäter, Sohn Davids, Messias-Christus und andere, ja schließlich Sohn Gottes und Gott selbst, der in unserem Elend Mensch geworden ist.

Wir haben festzuhalten, daß alle diese Interpretationsbemühungen darauf abzielen, aufzudecken, wer der gekreuzigte und

[21] Siehe z.B.: *R. Schnackenburg*, Die Auferstehung Jesu als Ausgangs- und Ansatzpunkt der neutestamentlichen Christologie, in: J. Feiner/M. Löhrer (Hrsg.), Mysterium Salutis, Bd. III/1, Einsiedeln - Zürich - Köln 1970, 230-247.

auferweckte Jesus, der Träger neuen und vollen Lebens ist. Alles Entziffern des Jesusgeheimnisses (einschließlich seiner verborgenen Wirklichkeit, die jetzt aber durch die fortschreitende Entdeckung der apostolischen Gemeinde offenbar wird) soll also die verborgene Tiefe des Auferstehungsereignisses erhellen. Am Ende dieses Entdeckungsweges konnte die Gemeinde bekennen: Jesus von Nazaret – Wanderprophet, Verkündiger des Reiches Gottes, Freund der Armen und Randexistenzen, die für ihn die ersten Adressaten seiner Botschaft waren, Kritiker seiner Zeit, Offenbarer Gottes als des Vaters, als dessen Sohn er sich fühlte, voll charismatischer Kraft (Geist), der die Menschen zu einem neuen, wirklich geschwisterlichen Miteinander befreite und einlud, der jedoch abgelehnt, gekreuzigt und dann auferweckt wurde – konnte niemand anders sein als Gott selbst in unserem Fleisch. In ihm ist das, was wir Gott nennen, voll und ganz, rückhaltlos gegenwärtig, als so bedingungslose Selbsthingabe, daß er einer von uns geworden ist. Dank der Tatsache, daß er unser Bruder ist, haben auch wir teil an dieser neuen Qualität der Existenz in Gott. Mit Recht sagt das II. Vaticanum: »Denn er, der Sohn Gottes, hat sich in seiner Menschwerdung gewissermaßen mit jedem Menschen vereinigt« (*Gaudium et spes*, Nr. 22). An erster Stelle vereinigte er sich mit dem Menschen Jesus. Doch da kein Mensch in sich die Fähigkeit, Gott aufzunehmen, voll und ganz erschöpfen kann, wird auch uns, seinen Schwestern und Brüdern, in ihm diese Fähigkeit zuteil. Jeder und jede ist ein virtueller *assumptus homo venturus*.

Das Gesamt dieser Sehweisen, die alle das Auferstehungsereignis verdeutlichen und entfalten wollen, können wir »Evangelium« nennen. Evangelisieren bedeutet mithin: diese beglückende Perspektive bezeugen und ansagen und, gemeinsam mit anderen, versuchen, sie herbeizuführen. Daraus erhellt, daß es um die Bestimmung des gesamten Lebens ebenso wie um den letzten Sinn der Geschichte geht. Evangelisierung steht also nicht im Gegensatz zu irgendeiner Kultur. Im Gegenteil, Evangelisierung kommt der fundamentalsten Kraft entgegen, die Kultur entstehen läßt: dem Wunsch nach Leben (in Wirtschaft, Politik, Symbolwelt, Religion usf.); und der ist in allen Kulturen wirksam.

Schließlich ist Evangelisieren auch *Feiern*. Es gehört positiv zum Christentum, die Gegenwart des Auferstandenen in allen

Erscheinungsformen des Lebens zu feiern. Einzigartig wichtig ist in diesem Sinn die Feier der Eucharistie. Dort bedeuten Urelemente der Kultur des Mittelmeerraumes – Brot und Wein – jenes neue Leben, das in der Gestalt Jesu bereits aktuelle Gegenwart geworden und das offen dafür ist, daß alle daran teilhaben. In anderen Kulturen werden andere Nahrungsmittel (Reis in den Kulturen Asiens, Mais unter den Gegebenheiten Mittelamerikas usw.) die symbolische Grundlage für den Fingerzeig liefern, daß das auferweckte Leben schon in unserer Geschichte gegenwärtig ist. Die Auferstehung, die sich in der eucharistischen Feier verdichtet, beschränkt sich nicht auf diese. Auferstehung signalisiert einen Prozeß, in dem aus dem alten Leben neues Leben wird; und das durchdringt seinerseits alles Geschehen, bis zur letzten Verklärung des Alls, das dann auch auferstanden sein wird.

Wie nun jede einzelne Kultur diese realisierte, in den Abgründen unserer Mythen, in den Urregungen des Unbewußten und in den radikalsten Suchbewegungen eines jeden Herzens wurzelnde Utopie zum Ausdruck bringt, ist eine Frage ihrer sprachlich-kulturellen Möglichkeiten. Unsere westliche Kultur hat Instrumente aus unterschiedlichen kulturellen Traditionen (jüdischen, griechischen, römischen, germanischen und modernen) benutzt, um das Auferstehungsereignis mitsamt allem, was es beinhaltet, zu benennen, ohne freilich das Ansinnen zu hegen, damit das Geschehen erschöpft und sein Geheimnis gelichtet zu haben.

V. Kulturen assimilieren das Evangelium

Evangelisierung geschieht nicht außerhalb von Kultur, sie findet stets innerhalb bestehender kultureller Weltanschauungen statt. Das Evangelium identifiziert sich nicht *mit* den Kulturen, sondern *in* den Kulturen. Nie kann es außerhalb einer kulturellen Ausdrucksform existieren, ob es sich nun um die der semitischen Welt Jesu, die des Hellenismus und des Diasporajudentums des Paulus oder die der Christen während der ersten, von griechisch-römischer und dann von germanischer Kultur geprägten Jahrhunderte handelt. Mit Recht kann Puebla deshalb feststellen: »Der von der Kirche vermittelte Glaube wird auf der Grundlage einer vorgegebenen Kultur gelebt, das heißt von Gläubigen, ›die zutiefst an eine Kultur gebunden sind; und... die Errichtung des Gottesreiches [kann] nicht darauf verzichten, sich gewisser Elemente der menschlichen Kultur und Kulturen zu bedienen‹« (Nr. 400; *Evangelii nuntiandi,* Nr. 20).

Wenn wir vorhin eingeräumt haben, jede Kultur bedeute schon eine (positive, negative oder auch unentschiedene) Antwort auf das vorausgehende Wort Gottes, dann können wir jetzt ohne Schwierigkeit zugeben, in der Kultur fänden sich Keime des Reiches Gottes, Sakramente der Gnade, Zeichen der Gegenwart des Wortes und Spuren des Wirkens des Geistes. In jeder Kultur koexistieren das Alte und das Neue Testament. Deutlicher gesagt: Der dreieinige Gott ist in den kulturellen Prozessen bereits dynamisch am Werk und gibt sich selbst mehr und mehr (das wäre das Alte Testament), bis er sich schließlich ganz und gar, ohne jede Vermittlung, der ganzen Menschheit schenkt, allen Menschen, ob männlich oder weiblich, die allesamt in dem konkreten Menschen Jesus von Nazaret repräsentiert sind (Neues Testament). Entscheidend ist nicht, daß Jesus Mann, Jude aus Galiläa und Vertreter einer mittelmeerischen auf Weizen, Öl und Wein (Hauptnahrungsmittel zur Reproduktion des Lebens und der Kultur) gründenden Kultur ist, entscheidend ist, daß wir in ihm der ganzen Menschheit (die sich in jedem menschlichen Wesen ebenso wie in den unterschiedlichen kulturellen Ausdrucksformen realisiert) begegnen, die von der Gottheit erfaßt ist, bzw. einer ganzen Menschheit, die die ganze Gottheit in sich aufnimmt. Wer dieses Ereignis aussagt, artikuliert die Positivität des Christentums, so wie sie allen Menschen mit ihren je spezifischen Formen, das Leben zu gestalten und zu vervielfachen, in Freiheit angeboten wird.

Was für einen Widerhall eine solche Verkündigung in den verschiedenen Kulturen haben mag, muß von Fall zu Fall festgestellt werden. Wir kennen nur wenige Inkulturationen des Evangeliums: in der hebräischen, in der griechischen, in der römischen, in der germanischen und in der modernen Kultur. Wie eine Rezeption desselben Evangeliums in der Kultur der Guarani-, der Náhuatl-, der Maya-, der Ketschua- oder der Xavanteindianer oder auch der Yorubaschwarzen aussehen mag, hängt von eben diesen Kulturen ab. Keiner weiß, was das bedeuten mag. Wir gehen heute davon aus, daß Evangelisieren nicht heißen kann: die eigene kulturelle Ausdrucksweise im anderen zu reproduzieren. Evangelisieren kann nicht heißen: das Evangelium an oberflächliche Aspekte einer Kultur anzupassen. Evangelisieren heißt, wie Paul VI. nachdrücklich betont, »tief, bis an ihre Wurzeln« (*Evangelii nuntiandi*, Nr. 20) herankommen. Evangelisierung muß es zuwege bringen, das Evangelium mit kulturellen Mitteln Frohe Botschaft werden und das Gesamtphänomen der Kultur aus eigener Kraft einen umfassenden und letzten Sinn hervorbringen zu lassen. In diesem schöpferischen Prozeß erweist sich der Glaube mehr als eine Mystik der Begegnung mit dem Göttlichen denn als Aneignung eines Credos, mehr als Spiritualität denn als Dogmatik.[22] Und dem ist so, weil sich weniger das Evangelium inkulturiert, als daß vielmehr die Kultur, auf ihre Weise, das Evangelium integriert.

Üblicherweise heißt es, das Evangelium müsse sich inkulturieren, das heißt, es müsse die Wurzeln einer Kultur durchdringen und so deren spezifische Ausdrucksformen assimilieren. Diese herrschende Redeweise gibt zu verstehen, das Evangelium existiere an sich und könne, dank einer inneren Kraft, die verschiedenen Kulturen befruchten. In Wirklichkeit ist dem aber

[22] Vgl. *M. Fang*, Teologia de la inculturación, in: Evangelización de la cultura (Anm. 2), 201–225, bes. 210.

nicht so. Es gibt kein nacktes Evangelium, immer zeigt es sich im Gewand einer bestimmten Kultur. Aus der Tatsache, daß Offenbarung und Kultur in den westlichen jüdisch-christlichen Kulturen kodifiziert sind und daß die Bibel ein inspiriertes Buch ist (wobei noch genauer zu definieren wäre, in welchem dogmatischen Sinn das zu verstehen ist), folgt nicht, daß deren kulturelle Darstellungsform zum unaufgebbaren Kern von Evangelium und Offenbarung gehört. Wir können sagen, jede kulturelle Gestalt berge und verberge das Evangelium, konkretisiere und begrenze es. Diese Feststellung ist deshalb wichtig, weil wir Gefahr laufen, die kulturelle Version des christlichen Glaubens in westlichen Kategorien, in denen uns Credo, Dogma und Theologie entgegentreten, als zum eigentlichen Evangelium gehörig zu betrachten. In der historischen Entwicklung bedeutete Evangelisierung in der Tat eine Einpflanzung der westlichen Kultur in China ebenso wie in Lateinamerika und in Afrika.

1. Verkürzende Aneignung des Christentums

Allein schon ein oberflächlicher Vergleich des Evangeliums mit der griechisch-römisch-germanischen Inkulturation zeigt, daß hier ein gewaltiger Prozeß stattgefunden hat, den wir, nach heutigen Kriterien, als verkürzend bezeichnen können. Einige Beispiele dafür:

Gottesbegriff: In der Bibel wird Gott in Kategorien des Lebens und der Geschichte, des Bundes mit den Menschen und der Ethik von Gerechtigkeit und Solidarität mit den Benachteiligten gedacht; in der westlichen Inkulturation vergegenwärtigt man sich Gott mit Begriffen der Metaphysik des Seins, als höchstes, unbewegtes, unveränderliches und übergeschichtliches Sein. Der Glaube an den dreifaltigen Gott, Vater, Sohn und Geist, nimmt die kulturelle Figur des Glaubens an den Gott der göttlichen, allmächtigen, weisen und vorhersehenden Natur an.

Gestalt des Reiches Gottes: Reich Gottes ist eine holistische und politische Kategorie. Biblisch gesehen, bedeutet es das Gesamt der erlösten und nach den Kriterien des Liebesplanes Gottes strukturierten Schöpfung; Reich Gottes benennt die globale Politik Gottes, die sich in der Geschichte des Kosmos, der Nationen und des erwählten Volkes ebenso wie in der Tiefe eines jeden Herzens abspielt. Dagegen wurde in der westlichen Inkulturation »Reich Gottes« gleichbedeutend mit »andere Welt«, mit »Jenseits«; der Begriff wurde gründlich spiritualisiert und vollkommen entpolitisiert. Dies ist um so schwerwiegender, als wir ja wissen, daß das Reich Gottes die *ipsissima intentio Iesu*, das ureigene Projekt des geschichtlichen Jesus ist.

Geschichtsverständnis: In der Bibel ist die Geschichte die große Wirklichkeit, innerhalb deren Gott sich offenbart und seinen Heilsplan realisiert. Geschichte ist ein Prozeß auf dem Weg zur endzeitlichen Fülle, in einem leidvollen, dialektischen Auf und Ab von Konflikten, Rückfällen und Verurteilungen ebenso wie der Barmherzigkeit und des Triumphes des Lebens und Gottes selbst. In der Inkulturation des Evangeliums in der griechisch-römischen Welt indes spielt die Geschichte keine Rolle; sie bringt nichts Neues, denn die Geschehnisse sind Akzidentien einer mit sich selbst stets identischen Wesenheit bzw. flüchtige Erscheinungen eines ewig von Gott definierten Projektes. Diese Einstellung führte zu einer vollständigen Säkularisierung der Geschichte, weil diese ja theologisch irrelevant ist. So konnte der Christ (insbesondere die Hierarchie) ohne größere ethische Skrupel oder Inspirationen aus Glauben in die Geschichte eingreifen, weil diese letztlich nicht zählt.

Menschenbild: Die Bibel versteht den Menschen als eine Einheit existentieller Befindlichkeiten, im Fleisch, im Körper und im Geist. Jede dieser Grundbefindlichkeiten bildet ein Projekt: Das des Fleisches betrifft die ich- und erdebezogene Selbstverwirklichung; das des Körpers zielt auf das Soziale und Personale in Offenheit für die Gemeinschaft mit den anderen; und das des Geistes streckt sich nach der göttlichen Transzendenz aus, in der Perspektive des beglückenden Zusammenlebens mit Gott. In der griechisch-römischen Inkulturation hingegen gilt der Mensch als eine Komposition aus zwei Prinzipien – Leib und Seele –, von denen die Seele alle Wertschätzung auf sich zieht und der Leib eine Last darstellt, die wir auf tausendfache Weise von uns abschütteln müssen. Die Zukunft gehört der Seele; in ihr wohnt Gott; sie ist Gegenstand der Seelsorge. Der Leib ist sich selbst überlassen, von untergeordneter Bedeutung, zu züchtigen und der Bestattung anheimgegeben.

Botschaft von der Auferstehung: In der Bibel bedeutet Auferstehung die Vollendung des ganzen Menschen, mit seinen äußeren wie inneren Dimensionen; Auferstehung ist die große Utopie des neuen – männlichen wie weiblichen – Menschen, die Frohe Botschaft, die sich, ausgehend von Jesus, an allen Menschen schon in dieser Welt realisieren und in der beglückenden Begegnung mit Gott im Jenseits vollenden wird. Der in das westliche Universum inkulturierte Glaube dagegen hat die Auferstehung ans Ende der Welt verschoben; dabei verlor sie ihre ganze evangelisatorische Anziehungskraft, weil sie nicht mehr als Ausdruck unserer Teilhabe am auferweckten Jesus für diese Zeit in Aussicht stand; mehr und mehr setzte sich die platonische Lehre von der unsterblichen Seele durch, die dank dem Tod aus dem Gefängnis des vergänglichen Leibes befreit wird und erst dann frei in Gott lebt. Erst am Ende der Geschichte wird sie sich wieder mit dem Leib vereinigen, der in Asche zerfällt. Doch so wird die fundamentale Einheit des Menschen zerstört und die Auferstehung parzelliert, weil sie, angesichts der Tatsache, daß die Seele unsterblich ist, nur noch den Leib betrifft.

So könnten wir noch zahlreiche andere Themen durchgehen. Doch handelt es sich nicht darum, eine Inkulturation der anderen gegenüberzustellen, die jüdische der abendländischen. Inkulturationen offenbaren und verbergen, behaupten und begrenzen. Was wir betonen möchten, ist das Risiko, das Evangelium mit den Werkzeugen seiner Inkulturation soweit zu verschmelzen, daß wir schließlich als Evangelium betrachten, was kulturbedingt ist, daß wir infolgedessen eine Kultur der anderen aufzwingen und daß wir diese daran hindern, sich mit Recht und Freiheit selbst das Evangelium zu eigen zu machen, wie es die jüdische, die griechisch-römische und die germanische mit Glauben und Evangelium getan haben.

Ebensowenig liegt uns daran, eine Inkulturation als höherwertig zu bezeichnen denn die andere. Sie ist nur verschieden von der anderen. Jede Inkulturation produziert einen umfassenden Sinnzusammenhang. Was nicht passieren darf, ist, daß eine Erfahrung im Umgang mit dem Evangelium monopolisiert wird. Sämtliche Formen von Inkulturation können und müssen ihre Synthese schaffen, als Frucht eines Assimilierungsprozesses im Rahmen ihrer Grundmuster. Alle müssen die Frohe Botschaft des Lebens hervorbringen.

Damit wollen wir sagen, daß das bleibende und grundlegende Datum die Kultur ist. Kultur ist immer schon geprägt von Offenbarung, Evangelium und Gott. Sobald die Kultur von ihren gesellschaftlichen Trägern in Kontakt gebracht wird mit der Positivität von Glauben und Evangelium (als Offenbarung der absoluten Bestätigung des Lebens durch die Auferstehung, mitsamt all dem, was damit gegeben ist, wie Gott, göttliche Kindschaft, Wirken des Geistes in der Geschichte usw.), macht sie sich ihn zu eigen und bringt ihn – in den möglichen Kodizes ihrer Gesamtheit – zum Ausdruck.

Dieser Prozeß ist dialektisch und fordert eine doppelte Osmose: Die Kultur verändert sich im Kontakt mit dem Evangelium, und das Evangelium inkulturiert sich in Beziehung zu den kulturellen Grundmustern. Doch baut sich in dieser Dialektik das Verhältnis ausgehend von der Kultur auf; aufgrund ihrer existiert das Evangelium als geschichtliche Wirklichkeit. Einmal inkulturiert, stößt das Evangelium auf andere Kulturen, um erneut einen Prozeß der Läuterung und der Osmose zu erfahren und in die Wurzeln einer neuen Kultur einzugehen. Alles dies muß auch in seiner negativen Dialektik begriffen werden: Verneinung, Unentschiedenheit, Unzulässigkeit und Verzerrung. Möglich sind derlei Pathologien freilich nur unter der Voraussetzung, daß jede Inkulturation grundsätzlich gesund ist. Nur ein gesunder Körper kann krank werden; und jede Krankheit verweist darauf, daß der bzw. die Betreffende die Gesundheit wiedererlangen und dann gesund bleiben will.

Konkret: Im Prozeß der Evangelisierung kommt es zu einer Begegnung des bereits inkulturierten Evangeliums mit einer anderen Kultur (in deren gesellschaftlichen Subjekten), die von ihm noch unberührt ist und es mithin erst recht nicht assimiliert hat. Zwei Dinge müssen wir da im Auge haben:

Das erste Phänomen ist folgendes: Was einander begegnet, sind in Wirklichkeit nicht zwei oder mehrere verschiedene Kulturen, sondern deren gesellschaftliche Träger. Beispiel: »Die zwölf Apostel« (das heißt: die ersten Franziskanermissionare in Mexiko) führen ab 1521 einen intensiven Dialog mit den Weisen unter den Azteken. In diesem Dialog treten nun die kulturellen Strukturen der einen wie der anderen Seite zutage: Sprache, Bräuche, Weltbilder, Religionen, der Begriff von Macht, die Bedeutung, die man dem gegenseitigen Auge-in-Auge bei der Eroberung wie der militärischen und religiösen Invasion beimißt. In diese Begegnung der gesellschaftlichen Träger fließt ein unwägbares Element ein: die Praxis der Menschen, das heißt: ihre Fähigkeit zu dialogisieren, ihr Vermögen, über den kulturellen Bedingungsrahmen hinaus Neues zuwege zu bringen. Darin gerade besteht das Spezifikum der menschlichen Praxis: daß der Mensch Neues zu schaffen vermag und daß er nicht nur das Vorfindliche reproduziert. Dieses Neue ist also Frucht der Begegnung der genannten Träger, ihrer je besonderen Horizonte ebenso wie der Art und Weise, wie sie im wechselseitigen Gegenüber die Dinge problematisieren. Weil dem so ist, kann eine neue Kultur das Evangelium, verstanden als Utopie wie als radikal menschliche Einladung, auch jenseits seiner spezifischen Inkulturation erfassen und assimilieren bzw. ablehnen.

Zu dem zweiten Phänomen ist folgendes zu sagen: Damit Dialog und Begegnung möglich werden, bedarf es eines Raumes von Gemeinsamkeit und Gemeinschaft, der umfassender ist als die Kultur. Jeder Mensch ist kulturell und kann gar nicht außerhalb eines kulturellen Bestimmungsgefüges existieren; gerade aber weil der Mensch Mensch ist, ist er auch ein transkulturelles Wesen. Mit anderen Worten: Der Mensch läßt sich nicht vollends in einer bestimmten kulturellen Artikulation einfangen. Jede Kultur entfaltet und organisiert im Menschen schlummernde Möglichkeiten, läßt aber ebenso viele andere unrealisiert und ungehoben, obwohl diese möglicherweise von anderen Kulturen ins Werk gesetzt werden. So sind zum Beispiel Wissenschaft und Technik ihrem Ursprung nach Bekundungen der westlichen Kultur; so wie jedoch Wissenschaft und Technik heute in der ganzen Welt verbreitet sind, sind sie nicht einfach westliche, sondern menschliche Gegebenheiten; und weil sie menschlich sind, können auch andere Menschen sie verstehen und übernehmen, Orientalen ebenso wie Indianer. Da das so ist, können wir bei den Weisen im alten China, Japan oder Griechenland in die Schule gehen und uns an der Poesie der Ägypter, Mayas oder Azteken erfreuen. Abgesehen von dem, was sie in ihrer kulturellen Besonderheit sind, sind sie menschlich und offen dafür, daß andere Menschen sie verstehen. Ähnlich verhält es sich mit dem Evangelium: Das Evangelium kann in dem Maße in unterschiedliche Kulturen eingehen und dort ihm innewohnende Möglichkeiten offenbaren, als es in die kulturellen Muster der verschiedenen Völker integriert wird; aber es bleibt zugleich auch immer für neue Inkulturationen offen.

2. Paradigmen integraler Evangelisierung

Im Prozeß der Evangelisierung unterscheiden wir fünf grundlegende Paradigmen.

Das erste Paradigma ist das der *Inkarnation:* Die Kultur macht es dem Evangelium möglich, sich in ihren Grundmustern zu inkarnieren; es handelt sich um einen Prozeß der Aneignung,[23] mit den Grenzen, die jede Inkarnation mit sich bringt; doch nur so, nämlich eingegrenzt, wird das Evangelium konkret. Jede Kultur ist in gewisser Weise ein Absolutum oder, besser gesagt, ein konkretes Universale. Jede Kultur bildet ein vollständiges Sinnsystem.

Das zweite Paradigma ist das der *Dreifaltigkeit:* Es geht um die grundlegende Relationalität einer jeden Kultur. Alle Kulturen bilden zwar ein vollständiges Sinnsystem; dieses aber ist offen für andere Systeme und andere Kulturen, weil ja keine Kultur die verborgenen Möglichkeiten des Menschen als Individuum wie als Gemeinwesen ausschöpft. Zwischen den Kulturen muß herrschen, was im Geheimnis der Dreifaltigkeit herrscht: die radikale Relationalität zwischen den drei göttlichen Personen. Jede Person ist eine und singulär, aber stets in Beziehung zu und in Perichorese mit den beiden anderen. Gemeinschaft und Wechselseitigkeit (Reziprozität) der Personen bewirken, daß diese ein einziger Gott sind. Wo man diese Relationalität respektiert, vermeidet man, daß die eine Kultur durch die andere unterdrückt wird. Zwischen den Kulturen hat also – analog zur Trinität – eine Struktur der Relationalität zu gelten.

Drittens haben wir das Paradigma der *Erlösung.* Inkarnation und Relationalität stellen die Kulturen einander gegenüber auch mit ihren Verzerrungen und Pathologien. Wo man sich im Dialog und im interkulturellen Vergleich der Kategorie »Erlösung« bedient, wird man sich zwangsläufig der Unvollkommenheit, der Zweideutigkeiten und der Fehler in den Kulturen bewußt. Keiner ist Kriterium für den anderen. Gleichwohl muß sich jedes kulturelle Gesamtsystem die Frage gefallen lassen, wieweit es Leben für alle ermöglicht, vor allem für die Armen und Verrandeten, und wieweit es dazu beiträgt, daß die Menschen in ihrer Freiheit wachsen. Diese Werte sind fundamental für die

[23] Vgl. *II. Vaticanum,* Gaudium et spes, Nr. 44. Ferner unten S. 110.

Menschheit. Sie bieten uns transkulturelle Kriterien, anhand deren wir bewerten können, wieweit die Kulturen zur Menschwerdung und zur Vermenschlichung beitragen oder nicht.

Viertens nennen wir das Paradigma der *Auferstehung*. Alle Kulturen – besonders wenn sie sich im Dialog mit Menschen und Gruppen anderer Kulturen bereichern – sind aufgerufen, sich zu verwandeln, sich unentwegt offenzuhalten und alle ihren Grundmustern innewohnenden Chancen auszuschöpfen. Jede Kultur hat sich jene Kreativität zu gestatten, welche das Anbrechen des Neuen als Vorwegnahme der absoluten Transparenz in der zwischenmenschlichen Beziehung wie in der gesellschaftlichen Kommunikation bedeutet. Das Prinzip »Auferstehung« verlangt, daß die den kulturellen Mustern innewohnenden Möglichkeiten voll zur Realisierung kommen, weil sie am Ende auf einen übergeschichtlichen, absoluten Sinn deuten, als dessen Antizipation und konkrete Anzeichen sie sich begreifen.[24]

Schließlich gibt es noch das Paradigma *Reich Gottes*. »Reich Gottes« umschreibt das endgültige Bild aller Kulturen. Alle Kulturen wie alle Völker gehören dem Reich des dreifaltigen Gottes. Keine Kultur wird erlöschen. Wir wissen weder wie noch wann die einzelnen Kulturen ihr läuterndes Gericht und ihre anschließende Verwandlung erfahren werden; was wir wissen, ist, daß sie den Menschen immer begleiten werden, weil der Mensch nicht ohne Kultur denkbar ist. So werden die Kulturen teilhaben an der beglückenden Bestimmung der Menschheit im vollen Hineingenommenwerden in das trinitarische Leben, in dem Gott alles in allen Kulturen sein wird.

[24] Hinsichtlich der anthropologisch-transkulturellen Bedeutung Christi sagt das II. Vaticanum: »Der Herr ist das Ziel der menschlichen Geschichte, der Punkt, auf den hin alle Bestrebungen der Geschichte und der Kultur konvergieren, der Mittelpunkt der Menschheit, die Freude aller Herzen und die Erfüllung ihrer Sehnsüchte« (Gaudium et spes, Nr. 45).

VI. Christliche Hindernisse für die Inkulturation des Evangeliums heute

Es gibt viele, unterschiedliche Hindernisse: Die Kulturen haben sich verhärtet, beharren selbstherrlich auf ihren Überlieferungen und geschichtlichen Leistungen und sind unfähig, sich gründlich zu hinterfragen; die Unrechtsstrukturen machen Menschen und Institutionen fühllos für die Schreie der Unterdrückten; tonangebend sind Leute, die sich dem Dialog verweigern und in ihren eigenen kulturellen Werten abschließen usw. Wir wollen hier nur einen Punkt in den Blick nehmen: Das Christentum selbst, so wie es geschichtlich gewachsen ist, steht der Inkulturation des Evangeliums im Wege.

Ohne Zweifel löste das Evangelium in der Geschichte einen beeindruckenden Strom von Hochherzigkeit, selbstlosem Dienst an den Mitmenschen und Wertschätzung für die menschliche Würde aus; es brachte anthropologisch höchst bedeutsame Gestalten hervor, die sich an den Kriterien jedweder Kultur in Vergangenheit und Gegenwart messen können, wie Franz von Assisi, Bartolomé de Las Casas, Albert Schweitzer, Martin Luther King und Dom Hélder Câmara; und es schuf eine Kultur, die unleugbare Tiefen der menschlichen Existenz als menschlicher und universaler Realität zum Ausdruck brachte. Alles das wird jeder Historiker, selbst wenn er mit dem christlichen Glauben nichts zu tun hat, anerkennen müssen.

Dessenungeachtet hat das Christentum, zumal in seiner römisch-katholischen Version, eine Last an Negativa hinterlassen, die nicht wegdiskutiert werden darf. Im interkulturellen Dialog zeigt es heute schmerzhafte Beschränkungen, vor allem wegen des Bildes, das es nach außen abgibt und das denen auffällt, die als Nichtchristen unseren Evangelisierungsprozeß »zu spüren bekommen«, wie auch wegen der Form, wie es sich im Innern strukturiert hat. Jeden dieser beiden Punkte wollen wir im folgenden betrachten.

1. Das Christentum in den Augen der Nichtglaubenden

Wer als Nichtglaubender das Christentum, so wie es geschichtlich geworden ist, betrachtet, wird mit dem Bild einer Religion konfrontiert, welche das Produkt der westlichen Kultur ist, samt all ihren Widersprüchen, vor allem mit dem Anspruch, die einzig wahre zu sein und über das Monopol von Offenbarung und Heil zu verfügen. Der Westen mutet uns heutzutage mehr und mehr wie ein traumatischer Unfall im Globalprozeß der Menschheit an. Wieso? Im christlichen Westen wurden die großen Ideologien und Praktiken der Weltherrschaft geboren: Aufklärung, Kapitalismus und Kommunismus leninistisch-stalinistischer Prägung. Der christliche Westen förderte den Kolonialismus und unterwarf sich die Kulturen Asiens, Afrikas und Lateinamerikas. In diesem Prozeß militärischer Invasion, kommerzieller Besatzung, politischer Bevormundung und ideologischer Unterwerfung kam es zu Völkermorden, an die sich keiner mehr in der Geschichte der Menschheit erinnert. Die Sprache, deren man sich vorzugsweise bediente, waren harte Gewalt, Unterdrückung jedes Widerstandes und Abwürgen der Freiheitssehnsüchte. Von wenigen Ausnahmen abgesehen, verteufelte man die Religionen der anderen[25] und eröffnete damit einen Weg zu deren Vernichtung oder dauernder Verfolgung.

Viele Märtyrer des Katholizismus sind, strenggenommen, gar keine Märtyrer. Sie starben, weil sie mit erbarmungslosen Worten und höchst eindeutigen Taten Religionen, Riten und Gottheiten der anderen herabsetzten und weil diese sich wehrten, indem sie sie ausschalteten. Die Expansion des europäischen ekklesiastischen Systems in andere Weltregionen geschah in der Regel unter dem Zeichen militärischer Macht und gesellschaftlichen Privilegs, wobei die Kirche einen einzigen Block mit der Macht bildete, die sich die kolonisierten Völker unterwarf. Wie sollte man da die unterworfenen Indianer mit ihrer Klage nicht verstehen können, der Gott der Christen sei grausam, ungerecht und unbarmherzig? Bis zum Letzten Gericht werden die Nachfahren der aus Afrika hergeschafften Schwarzen, die wie Last-

[25] Der erste – 1498 – in Lateinamerika geschriebene Text stammt aus der Feder von *Fray Ramón Pané:* Relación acerca de las antigüedades de los indios (Neuveröffentlichung), Mexiko 1985. Schon diese Schrift spricht in negativer, ja verteufelnder Weise von den Religionen der Ureinwohner; S. 21, 35, 41.

vieh durch etliche Länder unseres Erdteils getrieben wurden, das Recht haben, Gerechtigkeit und Menschlichkeit von den christlichen Weißen zu fordern, weil diese sie zu Sklaven und zu billigem Treibstoff bei der Produktion ihres bösen Reichtums gemacht haben.

Trotz solchen Unglücks, das gegen das geschichtliche Christentum zeugt, welches seinem Stil, seinen Riten und seinem Denken nach ja okzidental und akzidentell ist, hat sich gerade durch dessen Beitrag zum wissenschaftlich-technischen Projekt (zur Moderne) eine regelrechte transkulturelle Ökumene entwikkelt. Dank ihrer bekämpfen wir die Erzfeinde der Menschheit, wie Hunger, endemische Krankheiten, Entfernungen und zerstörerische Naturgewalten. Dank ihrer schaffen wir der menschlichen Existenz die eine oder andere Annehmlichkeit und mildern die Lasten des sterblichen Lebens. Andererseits wurde diese transkulturelle Ökumene aber auch zu einer überaus wirksamen Waffe, mittels deren man die in Unterentwicklung gehaltenen Völkern an sich bindet, und diesen verkauft man dann zu mörderischen Preisen die notwendigen technischen Formeln und wissenschaftlichen Projekte. In diesem Punkt war das Christentum vielleicht nicht ausreichend negativ, das heißt: kritisch, um sich Rechenschaft zu geben von dem ungeheuren Potential zu Unterwerfung, Uniformisierung und Verwestlichung, die die Länder im Zentrum der gesellschaftlichen, politischen und kulturellen Ordnung des in der Weltpolitik hegemonischen Westens in andere Kulturen transportiert haben. Diese Koalition von Christentum, Ideologie und westlicher Unterwerfungspraxis führte dazu, daß das Christentum in einen Dunstkreis von Zwiespältigkeit und Komplizenschaft geriet, der den Glanz der Praxis und des evangelischen Wortes Jesu beträchtlich verdunkelt.

2. Das Christentum in den Augen der Glaubenden

Ein anderes Motiv, das die Inkulturation des Evangeliums in den Kulturen von heute erschwert, ist die Art, in der die institutionelle Dimension der römisch-katholischen Kirche strukturiert ist. Die Kirche Christi versteht sich als sakramentales Geheimnis, will sagen: als eine Größe, die zu tun hat mit den grundlegendsten göttlichen Wirklichkeiten: Dreifaltigkeit, endgültige

Rettung der Schöpfung, Auferstehung der Toten (Aspekt des Geheimnisses), aber auch mit den Realitäten von Geschichte und Gesellschaft: Verwurzeltsein in einer bestimmten Kultur, Macht, Schwäche des menschlichen Daseins, das Inkonsequenz und Sünde nie ausschließt (sakramentaler Aspekt). Ohne Zweifel lebt die Kirche als ganze (Geheimnis und Sakrament, Hierarchie und Gläubige), was im Glaubensbekenntnis steht: Sie ist die eine, heilige, katholische und apostolische Kirche. Nur, diese theologischen Wirklichkeiten verwirklichen sich im Widerspruch, weil die moralischen Unzulänglichkeiten eines jeden menschlichen Geschöpfs wie auch die geschichtlichen Grenzen fortbestehen. So definiert zum Beispiel der Werdegang, den die Kirche in der westlichen Kultur genommen hat, ihr gegenwärtiges institutionelles Profil. Jeder Abschnitt in der Geschichte hat seine Spuren im gesellschaftlichen Gewebe der Kirche hinterlassen: die römisch-imperiale, die feudale, die aristokratische, die kapitalistische, die moderne und die volksverbundene Kultur.

Die westliche Kultur ist immer geprägt gewesen vom Logozentrismus und Individualismus der griechischen Tradition. Dagegen war das frühe Christentum zutiefst auf die Gemeinschaft bezogen. Doch kraft der Inkulturation ließ es sich vom Intimismus durchdringen. Die alte Welt war, was die Ausübung der Macht angeht, bis zum Aufkommen der repräsentativen Republik (in der Französischen Revolution) überwiegend autoritär und zentralistisch. In der Kirche koexistiert neben einem demokratisch-partizipativen Geist, so wie wir ihm in nahezu allen Figuren des Ordenslebens begegnen, auch eine zentralisierte Form der Regierung, ausgehend von der römischen Kurie und der Anhäufung der Macht in der Gestalt des Papstes. Dieser bricht ja fast zusammen unter der Last der Entscheidungen, die ihm obliegen. Eine Dezentralisierung und eine Aufwertung der Kollegialität der Bischöfe wie der nationalen und kontinentalen Bischofskonferenzen würden die differenzierte Inkulturation des Evangeliums in den verschiedenen Regionen der Welt von heute erleichtern.

Die offizielle Liturgie ist gekennzeichnet von der westlichen Erfahrung, den Geist höher als die Materie zu schätzen, den Körper und seine Leidenschaft mit Argwohn zu bedenken und mit dem symbolischen Ausdruck sehr zurückhaltend umzugehen. Dagegen schätzen nichtwestliche Kulturen, wie die in Afrika und Lateinamerika, die Gesamtheit des Menschen, insbesondere die Körperlichkeit, den Tanz und die materielle Symbolik. Es befremdet sie, wenn sie im Prozeß der Evangelisierung die Rituale der Sakramente und der Eucharistiefeier übernehmen müssen. Bestimmte Farben und bestimmte Tiere bedeuten nicht selten genau das Gegenteil von dem, was sie im Westen besagen. So ist zum Beispiel in China die Farbe der Freude das Schwarz, das damit am Ostersonntag und nicht am Karfreitag getragen werden sollte; und der Drache, der für uns Westliche den Bösen bedeutet, steht für die Schutzkraft des Himmels. Wer also einem Chinesen, ohne weitere Erklärung, die Statue der Mutter Gottes zeigen würde, wie diese das Haupt des Drachen zertritt, würde den fundamentalsten Werten seiner Kultur widersprechen.

Die lateinamerikanischen Zeugen-Kulturen, die sich ihrer selbst wirklich bewußt sind (Mayas, Azteken, Inkas, Ketschuas usf.), haben nicht vergessen, was die iberischen Kolonisatoren – allesamt Christen – der Urbevölkerung angetan haben. Was die Päpstliche Kommission *Iustita et Pax* in ihrer Denkschrift vom 8. November 1988 über »Die Kirche angesichts des Rassismus« sagt, ist nicht zu leugnen: »Der erste große Schub europäischer Kolonisierung (in die Neue Welt) geht in der Tat einher mit einer massiven Zerstörung der vorkolumbianischen Zivilisationen und einer brutalen Unterwerfung ihrer Bevölkerungen. Wenn auch die großen Seefahrer des 15. und 16. Jahrhunderts keine rassistischen Vorurteile hatten, so hatten die Soldaten und Kaufleute bei weitem nicht den gleichen Respekt. Um sich zu behaupten, brachten sie die Menschen um. Um aus der Arbeitskraft der ›Eingeborenen‹ und später der Schwarzen ihren Profit zu ziehen, zwangen sie diesen das Joch der Sklaverei auf, und um sich zu rechtfertigen, legten sie sich eine entsprechende rassistische Theorie zurecht« (Nr. 3). Tatsachen dieser Art, die mit dem Geist des Christentums unvereinbar sind, besudelten das Bild der institutionellen Kirche, die im übrigen in ehrwürdigen Gestalten von Missionaren und Bischöfen die Würde der Ureinwohner gegen die Übergriffe der Kolonisatoren verteidigte wie niemand sonst.

Aufs ganze gesehen können wir sagen, die westliche Version des Christentums sei, für modernes Empfinden, kaum instande, menschliche Subjektivität, Affektivität, Körperlichkeit und Weiblichkeit, aber auch jene Mechanismen zu integrieren, die offener und geeigneter sind, Menschen an den Entscheidungen bezüglich der Wege des Glaubens in den verschiedenen Situationen des Lebens zu beteiligen. Die Laien könnten kühner sein, die Frauen müßten in den Meinungsbildungs- und Entscheidungsstrukturen der Kirche mehr Wertschätzung erfahren, und der Dialog sollte auf allen Ebenen des kirchlichen Lebens breiter sein. Dann erst klängen die Behauptung der Kirche, »Expertin in Menschlichkeit« (Puebla, Nr. 511.1268) zu sein, und die Utopie Jesu, »Ihr seid alle Geschwister« (vgl. Mt 23,8), nicht wie Rhetorik, sondern wären Ausdruck einer ständigen Praxis.

VII. Die Kirche muß von den Kulturen evangelisiert werden

Das im vorigen Kapitel Gesagte bietet die Grundlage dafür, daß Papst Paul VI. betonen kann, die Kirche müsse unablässig selbst evangelisiert werden (vgl. *Evangelii nuntiandi,* Nr. 15). Wer aber evangelisiert die Kirche, namentlich ihre Führung, das heißt die Hierarchie?

Zunächst einmal gibt uns Puebla einen wertvollen Hinweis, wenn es das evangelisatorische Potential der *Armen* konstatiert und sagt: Die Armen »hinterfragen die Kirche unentwegt und rufen sie zur Umkehr auf« (Nr. 1147). In der Tat, gerade die Armen evangelisieren heute Theologen, Priester, Ordensleute und Bischöfe. Und sie evangelisieren sie mittels dessen, was Armsein ausmacht und was das ganze Alte Testament treffend festhält: durch ihren Schrei gegen Ungerechtigkeit und nach Befreiung, durch ihre Forderung nach Solidarität, zu der sie ihr Elend treibt, und durch ihren Willen zu Mitbestimmung und Mitwirkung, um so zu Subjekten ihrer Geschichte und ihrer kirchlichen Gemeinschaft zu werden. Sie haben der Hierarchie geholfen, ihre vorzugsweise Option für die Armen zu treffen. Noch bevor die Bischöfe diese Entscheidung im Sinne des Evangeliums fällten, hatten die Armen ihre Option für die Kirche getroffen. In der Tat, seit vielen Jahren hatte die Kirche (als institutionelle Gesamtheit) ihre Forderungen spürbar unterstützt und ihnen einen sozialen (mitunter sogar physischen) Raum geboten, in dem sie sich zusammenfinden und ihre Probleme diskutieren konnten. Niemals dürfen wir vergessen, daß sie, die Armen, die Erben der Seligpreisung Jesu ebenso wie der Hoffnung sind, die er geweckt hat auf eine mit der Gerechtigkeit versöhnte Welt, als Zeichen für das Reich Gottes in der Welt. Noch mitten in ihrem Elend bringen sie es fertig, Grundwerte der Utopie Jesu zu leben: Solidarität, Teilen, Geschwisterlichkeit, Geduld in der Geschichte, Glauben an die Vorsehung und Hoffnung gegen alle Hoffnung. Aus diesen Realitäten lebt christliche Existenz. Und so wie die Armen leben, evangelisieren sie die Hierarchie und alle übrigen Christen, die das Beobachtungsvermögen und die Sensibilität für die Werte des Evangeliums nicht verloren haben.

Zweitens hat die Kirche nicht nur von den Armen, sondern, wie es im II. Vaticanum heißt, auch von »der Geschichte und Entwicklung der Menschheit« (*Gaudium et spes*, Nr. 44) zu lernen. Alle Kulturen tragen wahre und göttliche Elemente in sich, Früchte des Wirkens des Wortes und der Wirkung des Heiligen Geistes. Im Prinzip war die Kirche immer offen, derartige Beiträge aufzunehmen. Doch hatte sie immer auch mit Schwierigkeiten aufgrund ihrer eigenen westlichen Inkulturation zu kämpfen – Schwierigkeiten, zu unterscheiden zwischen dem, was kulturbedingt ist, und dem, was unverzichtbares Datum der göttlichen Offenbarung ist. Und da war sie im allgemeinen eher weise als kühn und eher treu der eigenen Erfahrung als bereit zur notwendigen Offenheit gegenüber neuen Versuchen zur Inkulturation.

Wer kennt ihn nicht, den Konflikt der Kirche (vor allem des ordentlichen Lehramtes) mit der modernen Kultur? Diese hat sich nicht ohne den Einfluß christlichen Gedankengutes (Autonomie der Religion gegenüber der Politik, Säkularisierung, Würde der menschlichen Person usw.) entwickelt. Allerdings mußten sich die emanzipatorischen Bewegungen der Neuzeit aufgrund der Konstellation kritisch gegen Kreise der Hierarchie stellen, welche aus historischen Gründen mit den Mächten der alten feudalen und aristokratischen Ordnung verbunden waren, die, um ihre Privilegien zu verteidigen, die neuen, aufbrechenden Kräfte an den Rand drängte und unterdrückte. Einige Kreise tun sich schwer, sich die Idee der Demokratie (daß nämlich die Macht vom Volke kommt, auf dessen Vertreter und Vertreterinnen übergeht und durch das Gesetz kontrolliert wird) zu eigen zu machen; sie argumentieren, Wahrheit sei kein Gegenstand für Mehrheitsabstimmungen. Doch worum es in der Demokratie geht, ist nicht dies, sondern die geteilte und kontrollierte Ausübung von Macht. Die Wahrheit, einschließlich der Wahrheit der Macht, ist kein Inhalt für Abstimmungen nach Mehrheiten; Wahrheit hat ihre eigene Stimmigkeit, unabhängig davon, was Minderheiten oder Mehrheiten in der Bevölkerung zu ihr denken. Jesus war eine Minderheit und ist allein gestorben, dennoch war die Wahrheit auf seiner Seite und nicht auf der Seite der Mehrheit der Priester und des Volkes.

Umgekehrt dürfen wir eine Reihe von Positionen nicht übersehen, welche in der modernen Kultur maßgeblich sind: Inflation der modernen Subjektivität, Relativierung grundlegender Werte, so daß jeder Art von Permissivität, einschließlich der sich daraus ergebenden Verletzung von Recht und Gerechtigkeit, Tür und Tor geöffnet wird, sowie ein Widerstreben gegen eine echte Transzendenz, welche ja die Absolutismen in der Geschichte verhindern könnte... Dies alles läßt verstehen, weshalb das Lehramt auf kritische Distanz zur Moderne ging.

Doch ist dies keine Rechtfertigung dafür, die Welt als etwas Dekadentes und Lästiges zu betrachten, gegenüber dem man vor allem Argwohn und systematischen Verdacht haben müßte, wie das in konservativeren Kreisen der Kirche (Lefebvres Bewegung ist ihr deutlichster Exponent) zu beobachten ist. Eine solche Einstellung zeugte von fehlendem Glauben an die Gegenwart Gottes auch in unserer Geschichte. Die Folge aus solch einem Kulturpessimismus ist ein Bild von Kirche, nach dem diese die einzige Inhaberin der Wahrheit ist und nichts von den Wahrheiten zu lernen vermag, die der Geist in den menschlichen Prozessen entstehen läßt.[26]

Trotz ihres Willens zur Macht hat uns die moderne Kultur befähigt zur Kritik, zum Dialog (als einer Form, von den Mitmenschen zu lernen und die menschliche wie göttliche Wahrheit zu bereichern), zum Eingeständnis von Fehlern und zum Lernen daraus. Moderne Wissenschaftler und Fachleute geben uns ein Beispiel für Demut, in dem Bewußtsein, daß das Unwissen größer ist als das Wissen (auch in der Theologie) und daß mehr Herausforderungen von uns in Angriff genommen werden wollen, als daß es Gewißheiten gibt, die wir um jeden Preis verteidigen müßten. Theologen und Lehrinstanzen der Kirche täten gut daran, es ihnen gleichzutun; legten sie ähnliche Haltungen an den Tag, würden sie es besonnenen Menschen unserer Kultur leichtermachen, auf sie zu hören und sie zu akzeptieren (und sich mithin auch der befreienden Wahrheit des Evangeliums zu öffnen), als mit ihrem überheblich vorgetragenen Anspruch, alle

[26] Siehe dazu die kritischen Untersuchungen des katholischen Historikers *J. Delumeau*, Quale chiesa per far vivere il Vangelo, in: ADISTA, 25.–27. 9. 1989; das Original wurde veröffentlicht in: Témoignage Chrétien, 21.–27. 8. 1989. Siehe auch die treffenden Beobachtungen des spanischen Theologen *J. I. González Faus*, El meollo de la involución eclesial, in: Razón y Fe, Juli–August 1989, 57–84.

Welt zu lehren. Das Evangelium offenbart sich eher in jener Haltung der Demut als in dieser letzten der Übermacht.

Die demokratische Neuzeit hat uns die Toleranz gelehrt. Diese ist eine für die Evangelisierung fundamentale Haltung. Tolerant ist nicht, wer die anderen achtet, weil es ihm nicht gelingt, sie zu beseitigen; tolerant ist, wer die anderen mit Wohlwollen annimmt, weil er sich dessen bewußt ist, daß er sie und ihre Erfahrungen braucht, um die Wahrheit der Welt, des Menschen und Gottes besser zu erfassen. Hätten wir als Christen bei der Evangelisierung Lateinamerikas wie bei der Evangelisierung der modernen Intelligenz diese Art von Toleranz walten lassen, hätten wir nicht so viel falsch gemacht und hätten wir nicht verdammt, was wir uns später als menschliche Werte und Konsequenzen aus dem Evangelium zu eigen machen mußten. Im Falle Lateinamerikas hätten wir dann ein Christentum mit deutlich mestizenhaftem Profil und im Falle der modernen Kultur eine Kirche mit spürbar partizipativen und demokratischen Dimensionen.

Es herrscht ein unvergleichlicher Unterschied zwischen dem *Syllabus,* dem Irrtümerkatalog Pius' IX. (1864) mit seinem streng verurteilenden Ton und der Konstitution *Gaudium et spes* des II. Vaticanums, ein Jahrhundert später (1968), mit ihrer Perspektive von Dialog und Bejahung der Früchte der modernen Kultur auf der Grundlage von Arbeit, Wissenschaft und Technik. In der Zwischenzeit hat die Kirche, was ja auch unumgänglich war, unbestreitbar vieles gelernt.

Schließlich kann die römisch-katholische Kirche von den übrigen *christlichen Kirchen* wie von den *Weltreligionen* evangelisiert werden. Da dem Erbe Jesu der Charakter des Geheimnisses eignet, kann es unmöglich von einer einzigen historisch-sozialen Figur erschöpfend zum Ausdruck gebracht werden, so exzellent diese auch sein mag. Der Kirche geht es ähnlich wie dem Evangelium. Es gibt nur ein Evangelium, und das ist Jesus selbst. Gleichwohl wird es von vier Schriften bezeugt, die Evangelien heißen. Jede besagt das Ganze, aber aus verschiedenen theologischen Anliegen heraus. Alle bedauern wir die Spaltungen in der einen Kirche Christi, die zu verschiedenen christlichen Kirchen führten. Dessenunbeschadet besitzt jede Kirche evangelische Werte, die das Gesamtphänomen des Christentums in der Geschichte nur bereichern. Die römisch-katholische Kirche hat, was die Liebe zum Wort Gottes betrifft, viel von den evangelischen Kirchen zu lernen; was die Pflege der Liturgie und der Symbolik des Glaubens angeht, hat sie intensiv bei den orthodoxen Kirchen in die Schule zu gehen; und was die Inkulturation in der Volkskultur sowie die Kreativität hinsichtlich der verschiedenen Dienste und Ämter anbelangt, kann sie von den Pfingstkirchen lernen.

Die Weltreligionen, namentlich die östlichen (ohne daß hier irgendwelche Details erörtert werden könnten), lehren uns, daß Mystik eine Volksbewegung sein kann, daß es eine Leidenschaft für die Transzendenz gibt, daß zwischen Anbetung und Arbeitsleben eine Einheit besteht und daß der Mensch bestrebt ist, sich in die Gegenwart des Geheimnisses in allen Dingen hineinzubegeben.

Das Evangelium beginnt nicht erst mit dem historischen Jesus. Der ewige Logos und sein Geist waren immer und sind immer in der Welt am Werk und lassen die Samenkörner des Evangeliums des Vaters aufgehen im Erdreich der Geschichte wie in jedem schöpferischen Prozeß, der zum endgültigen Reich der Dreieinigkeit aufsteigt. Indem sich die römisch-katholische Kirche auf dieses in den Geschichtsprozeß eingestiftete Evangelium einläßt, wird sie evangelisiert und wird authentischer katholisch.

VIII. Herausforderungen für die Evangelisierung der Kulturen in Lateinamerika

Die Grundfrage ist, aus welcher Perspektive die Evangelisierung der Kulturen in Lateinamerika zu gestalten sei. Hier nun wird die Sicht der Befreiung aktuell, nicht weil sie ideologisch bedingt wäre, sondern weil sie die Antwort auf die Herausforderungen ist, welche aus der Befindlichkeit des Erdteils und der Welt, aus der Unterdrückung, erwachsen.

1. Perspektive von der Basis: von den Kulturen der Unterdrückten und Verrandeten her

Selbst ein oberflächlicher Betrachter wird nicht bestreiten können, daß die Lage, was Leben und Freiheit anbelangt, im Weltmaßstab äußerst mißlich ist. Auf der einen Seite beobachten wir einen Überfluß an Lebensmöglichkeiten, der auf der anderen Seite zu Lasten der großen in fast absolutem Elend befindlichen Bevölkerungsmehrheit der Erde geht. Auf der einen Seite bahnen sich mehr oder minder überall große kulturelle Prozesse an, während auf der anderen Seite ganze Kulturen von Zerstörung bedroht sind oder im Schweigen gehalten werden: die Kulturen der Armen, welche die Mittel zum Unterhalt und zur Förderung des Lebens allenfalls vom Rande her zu sehen bekommen.

In diesem Zusammenhang wird die Perspektive der Befreiung relevant. Für einen Christen, für eine Christin (gleich welcher Konfession) lautet die einzig verantwortbare Alternative: Der Glaube muß zu einem Motor der Befreiung und zu einem Faktor der Kritik an der geltenden Ordnung werden, die sich für viele Millionen Menschen pervers und unmenschlich auswirkt. Der zentrale Punkt besteht nicht darin, das Christentum zu retten, sondern die Menschheit mitsamt allen von einer möglichen nuklearen Apokalypse bedrohten Ökosystemen. Eine Arche Noachs, in der sich einige vor dem Tod der meisten retten, wird es nicht geben. Alle wird uns dasselbe unheilvolle Los treffen.

Die grundlegende Frage ist nicht, wie und in welcher Form das Christentum sich anpassen und auf die universalen Herausforderungen eingehen kann, sondern wie es, im Verbund mit anderen Kräften, helfen kann, das heilige Geschenk des Lebens zu bewahren. Dazu ist es gewiß imstande, sofern es sich, bewußt, auf eine befreiende Sehweise einläßt, die dem Ganzen und nicht bloß seinen konfessionellen Interessen zugute kommt.

Wenn wir die Frage so formulieren, stellen wir eine Akzentverschiebung und eine Themenveränderung auf der theologischen Tagesordnung fest. Mehr denn je gilt es heute, eine theologische Kosmologie zu entwickeln. Das große Geheimnis – nach dem des dreifaltigen Gottes – ist das Geheimnis der Welt, die ja die Bedingung der Möglichkeit ist für die Selbstmitteilung Gottes, für die Inkarnation, für das Kommen des Geistes sowie für die Heilsgeschichte. Und wenn wir von Welt sprechen, denken wir nicht nur an das Gesamt der geschaffenen Wesen, sondern auch an das Gesamt der gesellschaftlichen und politischen Verhältnisse und Beziehungen, die sich im Laufe der Geschichte herausgebildet haben. Die Welt hat eine ewige Bestimmung; sie wird der Leib der Dreifaltigkeit sein, in ihrer kosmologischen, personalen und historisch-sozialen Dimension. Innerhalb der Welt hat die Kirche ihren Ort, und es ist ihr Auftrag, das gute Ende der Schöpfung vorwegzunehmen und zu helfen, daß es in jeder Hinsicht konkret wird. Natürlich gilt die Befreiung nicht nur für die Armen, sondern für alle, angefangen mit den Armen und aus der universalisierenden Perspektive der Armen.

Bezogen auf die Lage Lateinamerikas, zeichnet sich in großen Linien folgendes Bild ab: Wir haben eine Kultur der Unterdrückung, der Mimesis, des Widerstandes und der Befreiung.

Die *Kultur der Unterdrückung* ist kennzeichnend für ganz Lateinamerika. Sie weist die Anwesenheit ausländischer Mächte auf unserem Territorium auf, die Sprache, die Wissenschaft und die Technik, die importierten Bräuche und sogar die Form, wie sich das Christentum strukturiert, das ja römisch bzw. westlich ist. Die Kultur der Unterdrückung bedeutet eine ständige Gewaltanwendung, weil sie den vorgegebenen Kulturen aufsitzt und sie zwingt, sich zu verändern und, großenteils, sich aufzulösen. Der lateinamerikanische Indianer fühlt sich fremd im eigenen Haus, in das der Eroberer durchs Fenster eindrang, aus dem er die Bewohner vertrieb oder in dem er sie angriff und ermordete. Die herrschende Kultur hat ihren Mittelpunkt außerhalb unseres Erdteils; mit ein paar Jahren Verspätung führt sie ihre Neuheiten dann auch in allen Ländern Lateinamerikas ein. Sie stützt sich auf ausländische, aber auch auf inländische, mit diesen verbündete Träger, die sie sich als die ihre zu eigen machen.

Sodann haben wir die *Kultur der Mimesis*. Sie ist das Werk der führenden Eliten. Diese produzieren keine eigenständige Kultur, sondern ahmen die der anderen nach; sie schaffen nicht, sondern imitieren und passen an, ohne schöpferische Kraft. Die Kultur der nationalen herrschenden Gruppen ist konsumorientiert. Sie wird von Leuten gemacht, die lieber der Geschichte der anderen zuschauen, als die eigene Geschichte und die des Volkes, dessen sie sich nur schämen, als Subjekte zu gestalten.

Sowohl die Kultur der Unterdrückung als auch die Kultur der Mimesis sind entfremdet, weil der gesellschaftlichen Realität Lateinamerikas entwurzelt. Dennoch können sie sich halten, gelingt es ihnen doch, sich in die Beherrschten einzuschleichen und diese von innen her unterdrückt zu halten. Die herrschende Kultur findet ihre Entsprechung in der beherrschten Kultur (darin besteht der Grund der Unterdrückung), unter der das Volk leidet. Ein gut Teil der Volkskultur spiegelt die Kultur der Eliten wider, insofern das Volk diese im Prozeß der Beherrschung und der Anpassung an die Unterdrückung übernommen hat. In der Volkskultur stecken also viele gegen das Volk gerichtete Elemente, die es stets zu unterscheiden gilt von jenen authentischen, die das Leben und Kämpfen des Volkes zum Ausdruck bringen.

Drittens nennen wir die *Kultur des Widerstandes* der Unterdrückten. Diese ist das Bemühen von ausgebeuteten Arbeitern, von Schwarzen, Indianern und Frauen, der Strategie der Unterdrückung durch die national wie transnational herrschenden Klassen die Stirn zu bieten. In der Regel zeichnet sich die Kultur des Widerstandes durch eine tiefe Zwiespältigkeit aus: Einerseits hat sie die Merkmale der Kultur der Beherrschten bewahrt – als Form, die eigene Identität zu sichern und Hoffnung und Lebenssinn wiederzubekommen; und darin ist sie authentisch, wiewohl die Chancen einer selbständigen Entwicklung gering sind; andererseits übernimmt sie die Charakteristika der herrschenden Kultur, gibt ihnen aber eine andere Bedeutung, wenn auch unter dem Anschein, der herrschenden Kultur zuzustimmen und sie zu reproduzieren. Insbesondere die schwarze Kultur und der Volkskatholizismus, beide voller Symbolik der herrschenden Religion (jedoch mit anderem Inhalt), erweisen sich als Religionen des Widerstandes.

Schließlich haben wir noch die *Kultur der Befreiung*. Sie ist das Proprium jener unterdrückten Gruppen, die sich ihrer Unterdrückung bewußt geworden sind, die sich in Bewegungen organisiert haben, in denen sie Kraft schöpfen, und die auch schon Praxisformen einüben, welche Freiheit und Alternativen zur geltenden unterdrückerischen Ordnung ermöglichen. Allenthalben ist in Lateinamerika – in Bewohnervereinen, in Gewerkschaften, in religiösen Gemeinden und in einigen Parteien popularen und demokratischen Zuschnitts – das Anbrechen einer Kultur der Befreiung zu spüren. Sie hat ihre Symbole, ihre Lieder, ihre Geschichtsbezüge, ihre Märtyrer, ihre Sprache und vor allem ihre organisatorische Kraft. Auf diesem Feld wächst die Originalität der lateinamerikanischen Kultur heran.

Wer vorhat, die Kulturen zu evangelisieren, muß klar seinen Ausgangspunkt benennen. Unsererseits setzen wir bei den Kulturen des Widerstandes und der Befreiung an und möchten deren Kraft steigern und zugleich die Kulturen der Unterdrückung und der Mimesis kritisieren, anprangern und geschichtlich überwinden. Die entfremdeten Kulturen der herrschenden und mimetischen Gruppen werden nur dann evangelisiert werden können, wenn sie aufhören zu sein, was sie sind, das heißt: wenn ihr unterdrückerischer Charakter ein Ende hat. Eben das bedeutet evangelische Umkehr für die herrschenden Kulturen. Aber was wird von ihnen übrig bleiben ohne Unterdrückung? Sie werden von ihren Thronen gestürzt werden, um den Kulturen des Volkes zu begegnen und so mit ihnen solidarisch sein zu können. Die herrschenden Kulturen, die Werte, Wissen und Techniken der ausländischen Herrschaftszentren in sich aufgenommen haben, werden diesen ganzen Vorrat neu einzusetzen haben zur Förderung der Macht des Volkes, damit dieses in Schwung kommt und damit Bedingungen entstehen, daß es die Führung in der Nation übernehmen kann.

Eine Evangelisierung, die sich von den unterdrückten Kulturen (des Widerstandes und der Befreiung) her begreift, wird das ganze in ihnen steckende Veränderungspotential freizusetzen haben, wird kritisch helfen müssen, den Unterdrücker, der ja auch in ihnen am Werk ist, hinauszuwerfen, und wird sich ihrer Suche und ihren Kämpfen anzuschließen haben. Auch der Glaube wird in dem Maße seinen spezifischen Beitrag leisten, in dem er die gesellschaftlichen, politischen und eschatologischen Dimensionen in Utopie und Praxis Jesu klarlegt. Die Befreiung wird stets konkret sein müssen, weil ja auch die Unterdrückung immer konkret ist. In diesem Sinn sind mittlerweile sanktionierte Ausdrücke wie »ganzheitliche (integrale) Befreiung« sachgerecht zu interpretieren. Auf keinen Fall dürfen sie der Praxis der Christen ihre Konkretheit und den wirtschaftlichen, politischen und gesellschaftlichen Befreiungen, die das Volk erreicht hat, ihre theologische Bedeutung nehmen. Das »ganzheitlich« soll gewährleisten, daß die Befreiung ein offener Prozeß bleibt, der das Ganze des Menschen und der Gesellschaft ebenso wie die Gesamtheit der Handelnden in Geschichte und Gesellschft betrifft.

Aufgrund der Tatsache, daß die Kultur alles (das heißt jede Artikulation der persönlichen und gesellschaftlichen Existenz) umfaßt, muß auch alles Gegenstand evangelisatorischen Bemühens sein. Wie aber assimilieren die Kulturen und Subkulturen die Utopie des Evangeliums? Es ist nicht damit getan, die Thematik auf die großen kulturellen Blöcke zu beziehen: Arme, Schwarze, Indianer, Mestizen, Frauen usf. Vielmehr haben wir auch das Spezifikum einer jeden Subkultur herauszuarbeiten; diese wird durch die Kennzeichen konstituiert, mit der ganze Gruppen der Gesellschaft ihre Praxis versehen. So gibt es eine Kultur der Arbeit, der Medien, der Intelligenz, der Welt der Wissenschaft, der Künste, der Freizeit, der Jugend, der Minderjährigen. Alle diese Realitäten, die die Welt der Kultur und der Gesellschaft bilden, verdienen, was die Evangelisierung betrifft, eine gesonderte Erörterung. Ein gut Teil von ihnen ist inzwischen Inhalt des theoretischen und praktischen Bemühens seitens der verschiedenen sozialpastoralen Instrumente der Kirchen. Gerade dies dürfen wir nicht übersehen, wenn wir uns mit dem Verhältnis zwischen Evangelisierung und Kulturen beschäftigen.

2. Punkte der Herausforderung für die Evangelisierung heute

Im folgenden möchten wir einige relevante Punkte, die für das Verhältnis zwischen Evangelium und Kulturen eine besondere Herausforderung darstellen, etwas eingehender beleuchten.

a. Die Weltebene

Weiter oben haben wir schon dargelegt, daß die große Herausforderung auf Weltebene im Augenblick die Zukunft des Lebens ist. Eine Evangelisierung, die heute *à jour* sein will, muß für das Leben und gegen den Tod optieren. Dabei verstehen wir »Leben« hier in seinem elementarsten Sinn als Fortbestand und Unterhalt des von einem kollektiven Kollaps bedrohten Lebenssystems. Die Grundfrage ist hier nicht, wie und in welchem Maße die Kulturen das Evangelium assimilieren, sondern in welchem Maße das Evangelium die Kulturen vor der totalen Zerstörung bewahrt. Bartolomé de Las Casas paraphrasierend, können wir sagen: Wir ziehen eine heidnische, aber lebende Kultur einer evangelisierten, aber toten Kultur vor. Wer sich die Sache des Lebens und die Mittel zum Leben angelegen sein läßt, wer hilft, eine volle ökologische Sensibilität zu entwickeln, im Sinne von Liebe, Achtung und Bewahrung jeder Art von Leben (Alles, was lebt, verdient zu leben), realisiert bereits den Kern des Evangeliums dessen, der gesagt hat: »Ich bin gekommen, damit sie das Leben haben und es in Fülle haben« (Joh 10,10). Solch ein Einsatz für das Leben vollzieht sich als Gehorsam gegenüber dem Evangelium und nicht bloß als Überlebensinstinkt. So ist das Christentum gefordert, aus seinen inneren Motivationen heraus seinen Beitrag zu leisten zur Bewältigung dieser weltweiten Herausforderung, das geheiligte System des Lebens zu bewahren.

b. Die Ebene Lateinamerikas

Puebla bietet uns nach wie vor ein grundsätzliches Kriterium für die Evangelisierung, das auch genau auf Lateinamerika zutrifft: »Die Kirche ist sich allmählich immer klarer und gründlicher dessen bewußt geworden, daß Evangelisierung ihr fundamentaler Auftrag ist und daß sie diesem nicht nachkommen kann, wenn sie sich nicht unentwegt bemüht, die Wirklichkeit zu erkennen und die christliche Botschaft in dynamischer, gewinnender und überzeugender Weise dem Menschen von heute anzupassen« (Nr. 85). Evangelisierung resultiert aus der Begegnung zwischen der christlichen Botschaft und den Herausforderungen der Realität; ohne diesen Dialog ist Evangelisierung entweder Aufzwingen einer Botschaft oder religiöse Entfremdung, weil sie nicht in der Kultur verwurzelt ist.

Die Evangelisierung unserer konfliktgeladenen Wirklichkeit, wie sie in Puebla (Nr. 15–71) analysiert worden ist, hat davon auszugehen, daß unser Erdteil in einer historischen Abhängigkeit steckt, die zur Unterdrückung und, umgekehrt, auch zum Autonomiebestreben und zum Befreiungsprozeß geführt hat. Das Christentum kann eine Triebfeder der Befreiung sein, wie es während der Kolonialzeit in hegemonischer Weise eine tragende Säule der geltenden Ordnung war. Überdies ist unser Erdteil gekennzeichnet durch enorme soziale Ausfransungen von Verarmung und Verrandung, deren Opfer Schwarze, Indianer, Frauen und Arbeiter sind. Eine Evangelisierung, die die geschichtliche Ungerechtigkeit dieser Lage nicht anklagt und sich, kraft ihrer eigenen Glaubenskompetenz, nicht als Potential zur Mobilisierung des Volkes, zur Befreiung der Unterdrückten und zum Feiern der Kämpfe erweist, entgeht schwerlich der Kritik, mit der unterdrückerischen Ordnung zu paktieren und dem Traum Jesu untreu geworden zu sein.

Insbesondere den Schwarzen gegenüber stehen die Kirchen tief in der Schuld, weil sie als Institutionen in der lateinamerikanischen Kolonialgeschichte dem Herrenhaus näher waren als der Sklavenhütte.[27] Heute müssen sie zum einen anerkennen, daß die schwarze Kultur etwas Eigenständiges ist und daß die Religionen der ehemaligen Sklaven Existenzberechtigung haben, wie sie zum anderen den Synkretismusprozeß bejahen müssen, den diese als ihre Form des Widerstandes und der Akkulturation des Christentums in den engen Grenzen der Sklaverei entwickelten.

Dasselbe gilt für die Zeugen-Kulturen der Indianer. Endlich müssen wir ihre Religion, ihre großartigen Kulturen und das ihnen zustehende Recht anerkennen, sich auf biologischer Ebene

[27] Zu den Termini »Herrenhaus« und »Sklavenhütte« vgl. *G. Freyre*, Herrenhaus und Sklavenhütte. Ein Bild der brasilianischen Gesellschaft, München 1982 (das brasilianische Original datiert aus dem Jahre 1933). Zum Problem der Schwarzen vgl. auch *H. Goldstein*, Art. Schwarze, in: ders., Kleines Lexikon zur Theologie der Befreiung, Düsseldorf 1991, 196–203 (Anm. d. Übs.).

heute wieder zu erholen, ihre kulturellen Grundmuster zu revitalisieren und sich die Moderne wie auch die christliche Botschaft auf ihre Weise zu eigen zu machen. Eine gewaltige Herausforderung ist es auch, Wege zu entdecken, auf denen die Indianer Zugang zur christlichen Botschaft gewinnen können, wobei diese sich freilich der kulturellen und institutionellen Interessen entledigen muß, die ihr stets anhafteten. Für einige Bereiche der Kirche wird die neue Evangelisierung womöglich eine radikale Option bedeuten: konsequente Achtung vor der Kultur und vor den Religionen der Indianer, Unterstützung für das Bemühen der Ureinwohner um ihre relative Autonomie, Förderung aller Möglichkeiten zur demographischen Erholung der indianischen Rassen. Was wäre Frohe Botschaft für die unterdrückten, wenngleich überlebenden Kulturen der Inkas, Mayas, Azteken, Ketschuas, Tupi-Guaranis und anderen, wenn sie nicht damit rechnen können, daß kirchliche Kreise sie in ihrem Bemühen um Wiederbelebung auch ihrer religiösen Identität unterstützen?

Aus geschichtlichen Gründen hängen die Kirchen insgesamt an einer Art institutioneller Präsenz, die mittlerweile fünfhundert Jahre dauert; sie fühlen sich in der Verantwortung, diese Präsenz sowohl fortzusetzen als auch zu korrigieren; doch so viele Reformen und Neuansätze sie auch einführen mögen, sie alle tragen nach wie vor das Stigma, Seelen im Rahmen des kolonialen Projektes erobert zu haben. Trotzdem dürfen sie es nicht unterlassen, unter den Bedingungen dieser Realität zu evangelisieren. Doch ist es möglich, daß wichtige Kreise der Kirchen eine neue, solidarische, radikale Praxis eröffnen: daß sie sich mit den Indianern in ihrem Ringen um Autonomie auf den Weg machen und die explizite Evangelisierung vorerst auf ein Mindestmaß zurücknehmen, weil sie sich dessen bewußt sind, daß die Frohe Botschaft durch diese Erstvermittlung (Evangelium als Solidarität) hindurch muß, als unabdingbare Basis für eine ausdrückliche und wirklich befreiende Evangelisierung. Es geht darum, das Volk der Ureinwohner als Volk wiedererstehen zu lassen, damit es sich, im Glauben, selbst zum Volk Gottes entwickeln kann. Die fünfhundert Jahre Widerstand dürfen doch nicht umsonst gewesen sein! Die Kirchen tragen auch die Verantwortung dafür, daß dieses unsägliche Leid fruchtbar wird für die Konstituierung des Volkes Gottes in Amerindien.

aa. *Wirtschaftliche Ebene: Arbeit.* Auf dieser Ebene hat die Evangelisierung von einer unumgänglichen Option für die Arbeit vor dem Kapital (in der Linie der Enzyklika *Laborem exercens* Johannes Pauls II.) auszugehen, weil dieses jene immer unter seiner Kontrolle gehabt hat. Hier tut sich die Thematik der ökonomisch Armen auf, die in Lateinamerika die gewaltige Mehrheit sind. Es besteht die Gefahr, die Realität der wirklich und wirtschaftlich Armen zu beschönigen, im Namen eines umfassenderen Begriffes von evangeliumsgemäßer Armut, der auch andere, über das Wirtschaftliche hinausgehende Dimensionen beinhaltet. Ohne Zweifel ist »evangelische Armut« ein polysemischer Begriff, der freilich nie jene skandalös materielle Armut ausblenden darf, die die Menschen direkt in ihrem biologischen Überleben betrifft. Sollten wir es unterlassen, diese Art von Armut unmittelbar, im Namen Jesu wie der Apostel, als Herausforderung für die Evangelisierung anzugreifen, würden wir uns im Grunde über die materiell Armen lustig machen, weil wir ihnen dann ein weiteres Mal eine Art von Religion anbieten würden, die Opium und in Wirklichkeit Zynismus angesichts des Schreis der Notleidenden ist.

Nicht ohne Grund bestätigen Jakobus, Kephas und Johannes, die Säulen der Urgemeinde, zunächst dem Paulus, daß seine Evangeliumspredigt vor den Heiden rechtgläubig ist, fordern ihn dann aber sofort auf, sich um die Armen zu kümmern, was dieser auch immer eifrig getan hat (vgl. Gal 2,10), seit er seine Mission überhaupt antrat. Im Kontext von Armut und Verarmung muß die Evangelisierung, zusammen mit anderen sozialen Kräften, ein Faktor zur Herbeiführung einer Gesellschaft sein, die ihre Grundlage in der Arbeit aller hat, die Teilen für entscheidender hält als Anhäufen und die den Wirtschaftsprozeß weniger unter die Nachfrage des Marktes als unter die Kontrolle der Gesellschaft stellt.

bb. *Politische Ebene: Partizipation.* Lateinamerika hat das Kolonialregime nur gegen das Regime der »Demokraturen« eingetauscht, das heißt gegen starke Regime, die entweder beherrscht werden von nationalen im Bündnis mit transnationalen Eliten oder von Militärs, die im Interesse der Kapitaleigner in die Politik eingriffen und nach wie vor eingreifen. Die Kirchen hielten sich ein wenig abseits dieses Prozesses und unterstützten damit in der Regel die etablierte Ordnung, die das Volk ausschließt, ja gegen es gerichtet ist und Ungleichheit schafft. Die Herausforderung für die Evangelisierung besteht darin, Christen zu fördern, welche mitbestimmen und mitwirken und die Gesellschaft in der Weise verändern wollen, daß im Rahmen neuer gesellschaftlicher Beziehungen mehr Gerechtigkeit herrscht, die verschiedenen Gruppen besser integriert werden und alle ausreichende Lebensbedingungen haben. Errungenschaften dieser Art sind nicht nur soziale Fortschritte, sondern sind Güter des Reiches Gottes, die als solche in der Zielrichtung der Evangelisierung liegen. Die Demokratie partizipativen und popularen Zuschnitts ist für uns heute eine geschichtliche und gesellschaftliche Vermittlung zur Erreichung solcher Ergebnisse, die wir im Licht des Glaubens als zum Projekt des Evangeliums gehörig betrachten.

cc. *Symbolische Ebene: Utopien der Freiheit.* Hand in Hand mit der wirtschaftlichen und politischen Herrschaft ging stets die symbolisch-kulturelle Unterdrückung. Tonangebend ist die Symbolik der auswärtigen Eliten, die im Laufe der Geschichte für die Kultur des einfachen Volkes wie die der Schwarzen und Indianer nichts als Verachtung hatten. Die Kirchen, die eine neue Evangelisierung in Lateinamerika entwickeln wollen, haben eine konsequente Option zu treffen für die populare Kultur, das heißt für die Ausdruckswelt der Kulturen des Schweigens, die heute nach Befreiung schreien. Die Volkskultur ist durch und durch von der Religion geprägt; sie hält die Erinnerung wach an die verlorenen Kämpfe des Volkes und an die großen Freiheitsutopien, die zu träumen die Unterdrückten nie aufgehört haben. Eine Kirche wird in dem Maße eine Kirche des Volkes, in dem sie es dem zu kurz gekommenen Volk möglich macht, sich im kirchlichen Raum mit seinem Kodex im Symbolischen zum Ausdruck zu bringen.

dd. *Kirchliche Ebene: Kirche als Gemeinschaft.* Bis auf den heutigen Tag kennen wir im Westen nur die offizielle Version des – in verschiedene Konfessionen gespaltenen – Christentums, wobei die Fragmentierung, teilweise, auf den Protest gegen die römische Zentralisierung zurückgeht. Am Rande des offiziellen Christentums entstand ein populares Christentum, das jedoch immer im Verdacht stand, nicht voll rechtgläubig zu sein. Doch vermittels seiner brachte das in der Gesellschaft wie in den Kirchen an den Rand gedrängte Volk seinen Glauben zum Ausdruck und nährte seine Gotteserfahrung. Heute behauptet sich mehr und mehr ein kommunitäres Christentum, das in den christlichen Basisgemeinden seine folgerichtigste Konkretisierung findet. In diesen Basisgemeinschaften können die Menschen den Glauben erleben als Impuls zur Veränderung des Lebens und erfahren sie die Begegnung zwischen dem Evangelium und der Unrechtswirklichkeit, so daß das Verlangen nach Befreiung in ihnen wach wird.

Die neue Evangelisierung in Lateinamerika geht durch dieses Experiment der Ekklesiogenese: Das arme und bekennende Volk selbst bringt das Projekt des Evangeliums voran und macht es möglich, daß Volk zum Volk Gottes wird. Sicherlich führt dieser Weg zu einem neuen Profil von Christenmenschen: ökumenisch, demokratisch und engagiert für eine neue Gesellschaft und, darin, für eine neue Kirche.

ee. *Personale Ebene: der integrierte Mensch.* Die Evangelisierung entwirft auch eine personale Utopie: die eines neuen Mannes und einer neuen Frau. Worum es geht, ist – nach dem Beispiel Jesu von Nazaret – eine neue Integration des Menschen um Werte wie Freiheit, Kreativität und Beziehungsfähigkeit. Der Mensch ist ein Knoten von – virtuell in alle Richtungen artikulierten – Beziehungen. Das Christentum steigert die Fähigkeit zu Gemeinschaft, Bezug zum Mitmenschen und Freiheit. In Lateinamerika besteht die Herausforderung darin, das Bemühen um integriertes Menschsein zu verbinden mit Solidarität und Kampfgemeinschaft mit den Unterdrückten, denen die Chancen der Personwerdung verweigert sind. Aufgrunddessen hält die persönliche Befreiung nur dann das vom Evangelium geforderte Niveau, wenn es ihr gelingt, mit der gesellschaftlichen Befreiung einherzugehen. Dort, wo jemand steht und lebt, hat er, hat sie die Utopie des Neuen in die Tat umzusetzen, als Keim und Bedingung für ihre Ausweitung auf die ganze Gesellschaft.

ff. *Pädagogische Ebene: der Mensch im Dialog.* Nach all diesen angesprochenen Herausforderungen bleibt schließlich noch ein pädagogisches Anliegen. Wie läßt sich die befreiende Evangelisierung verwirklichen? Die Frage ist von grundlegender Wichtigkeit, weil die Methode zum Inhalt der Evangelisierung gehört, wie an der Praxis Jesu und der der Apostel abzulesen ist. Auch den ersten Missionaren in Lateinamerika lag dies am Herzen. So setzten sie Theater, szenische Darstellungen und Musik ein und lernten direkt die Sprachen der Ureinwohner, um die Botschaft des Evangeliums überbringen zu können.

Allerdings unterließen sie es, wir sprachen schon davon, mit den vorgefundenen Kulturen in einen dialogischen Prozeß einzutreten, der es den Ureinwohnern erleichtert hätte, sich das Evangelium, im Sinne eines echten Synkretismus, anzueignen. Die Pädagogik stand allein im Dienst des Inhalts der christlichen Botschaft, der in ein westliches Gewand gekleidet war (so daß Indianer und Schwarze die römisch-katholische Beschneidung über sich ergehen lassen mußten). So erklärt sich, daß die Evangelisierung kaum Früchte trug und daß die Missionare fortwährend darüber klagten, die Indianer lernten nichts oder fast nichts. Heute wissen wir, daß eine evangeliumsgemäße Pädagogik nur so aussehen kann, daß sie Evangelisierte wie Evangelisatoren in ein und denselben Prozeß hineinnimmt. Die einen wie die anderen müssen sich evangelisieren lassen, ihre religiösen Erfahrungen austauschen, aufeinander hinhören, die Unterschiede wertschätzen, anerkennen, daß das Wort und der Geist auf der einen wie auf der anderen Seite anzutreffen sind, sich Rechenschaft geben von den Unzulänglichkeiten hier wie dort und sich gegenseitig das Bewußtsein vermitteln, mit dem Dienst an der Welt und an der Unterwelt beauftragt zu sein (das Evangelium will die Menschenheit heilen, ausgehend von den Opfern der Geschichte).

Die Pädagogik, die in Lateinamerika entwickelt worden ist als »Pädagogik der Unterdrückten«, als »Praxis der Freiheit« und als »Kunst, mit dem Volk zu arbeiten«,[28] mit dem Ziel der Autonomie und der Befähigung dieser Menschen zur Aufnahme von freien Beziehungen, gilt besonders für den Prozeß der Evangelisierung, ausgehend von den unterdrückten Kulturen. Ein

[28] Die beiden ersten Hervorhebungen spielen auf zwei Buchtitel des bekannten brasilianischen Pädagogen *Paul Freire* an: Pädagogik der Unterdrückten, Stuttgart 1971; Erziehung als Pädagogik der Freiheit, Stuttgart 1971; Erziehung als Pädagogik der Freiheit, Stuttgart 1974. Das dritte ist eine Veröffentlichung von *Clodovis Boff*, Como trabalhar com o povo, Petrópolis 1987.

Beispiel dafür, wie eine solche Evangelisierung in der pädagogischen Perspektive der Befreiung aussehen kann, haben wir in dem Bericht von den Erscheinungen der Jungfrau und Mutter von Guadalupe vor dem Náhuatlindianer (Azteken) Juan Diego, auf die wir weiter unten eingehen werden. In Guadalupe paßt sich Maria nämlich voll der aztekischen Kulturwelt an, sei es in der Sprache, sei es in den Symbolen wie in den religiösen Ausdrucksformen der Náhuatl. Bis heute haben die Kirchen nicht aus Guadalupe gelernt, sind sie doch fast ausschließlich bei den wunderbaren Aspekten der Erscheinung stehengeblieben. Doch in Guadalupe – gerade hat die Evangelisierung begonnen – zeigt der Himmel selbst an, was die angemessenste Methode zur Findung einer Synthese zwischen Evangelium und Kultur der Urbevölkerung ist. In der Verlängerung dieser Linie müssen wir heute arbeiten; nur so werden wir eine echte, befreiende Evangelisierung haben, die in die Grundmuster der Kultur eindringt.

Zahlreich sind die Herausforderungen für die neue Evangelisierung in Lateinamerika. Die Evangelisierung hat den Beitrag des Evangeliums zu der neuen Gesellschaft zu leisten, die das Bemühen aller historischen Kräfte eines Tages gestalten wird. Was Gott will und liebt, ist nicht in erster Linie die Kirche, sondern eine neue Gesellschaft, innerhalb deren dann auch die neue Kirche angesiedelt ist.

II. Teil
Mindestinhalt der neuen Evangelisierung

Im ersten Teil unserer Studie haben wir die Grundbeziehungen festgehalten, die zwischen Glaube und Kulturen im Kontext Lateinamerikas zu gelten haben. Dabei boten wir eine Art Fundamentaltheologie der Mission, wie sie mit dem Grad theologischen Bewußtseins, das wir entwickelt haben, wie auf dem Stand der Sensibilität, den Christen bezüglich der sozialen Probleme erreicht haben, möglich ist.

Jetzt gilt es, den Mindestinhalt dieser neuen Evangelisierung zu definieren. Selbstverständlich geht es nicht darum, eine *Minima catechetica* zu formulieren, das heißt: eine möglichst knappe, gleichwohl noch vollständige Angabe dessen, was eine Evangelisierung der Kulturen sein könnte. Unser Anliegen ist wesentlich bescheidener. Die Frage lautet: Wie sieht in dieser neuen Evangelisierung die Lehre von Gott, von Christus und vom Geist aus, und wie muß sich die Kirche darin darstellen? Zur Beantwortung dieser Frage gehen wir den dialektischen Weg: Einerseits möchten wir sehen, wie das offizielle dogmatische Verständnis hilft, das Problem der Evangelisierung und der Kulturen zu erhellen, andererseits interessiert uns, wie die analytisch beschriebenen Herausforderungen in diesem Bereich uns helfen, unser offizielles dogmatisches Verständnis zu durchleuchten und zu bereichern. Und schließlich kommen wir nicht an dem Problem der Pädagogik vorbei, das ja alle diese Themen durchzieht. Es ist nicht damit getan, den Komplex »Glaube und Kulturen« theologisch aufzuarbeiten. Fundamental ist die Frage, wie die Evangelisierung operationalisiert werden kann. Dabei geht es nicht bloß um ein technisches Problem, sondern um eine inhaltliche Frage; denn die Methode ist auch Teil des Inhalts der Evangelisierung.

Doch bevor wir in das Thema einsteigen, möchten wir zunächst noch herausfinden, worin das Besondere der neuen Evangelisierung im Vergleich zu der klassischen ersten Evangelisierung auf unserem Erdteil besteht.

I. Von einer kolonisierenden zu einer befreienden Evangelisierung

Die erste Evangelisierung in Lateinamerika fand im Zeichen der Unterwerfung statt und führte zu einem kolonisierten Christentum, das die religiösen Modelle der Metropole reproduzierte.[1] Die neue Evangelisierung geschieht im Zeichen der Befreiung und läßt möglicherweise ein typisch afroindiolateinisches Christentum entstehen, mit indianischen, schwarzen, mestizischen, weißen und lateinischen Zügen, das die Struktur der Kirche erneuert. Dieses Christentum schafft das erste nicht ab, sondern integriert und überbietet es. Worin besteht der Unterschied zwischen der ersten Evangelisierung und der neuen Evangelisierung, die inzwischen in Gang ist?

Die erste Evangelisierung geschah im Schneidepunkt zweier Kräfte: der Expansion der beiden iberischen Völker mit ihren merkantilistischen Interessen in Verbindung mit der sich verstärkenden christlichen Sicht von der Welt als *Orbis christianus*. Die Kolonisierung Lateinamerikas und Brasiliens im besonderen sollte den Handel sowie die spanische und die portugiesische Krone bereichern. Produziert wurde, was die zentralen Ökonomien unbedingt brauchten, was sie ergänzte und was Profit brachte; das Regime der Zwangsarbeit sollte eine größtmögliche Gewinnakkumulation ermöglichen. Dazu bedurfte es eines gewaltigen Heeres an Arbeitskräften, das jedoch weder Portugal noch Spanien in ausreichender Zahl stellen konnten. Also griff man zur Versklavung der Indianer und, wenn diese scheiterte, der aus Afrika herbeigeschafften Schwarzen. Die amerindianischen Länder wurden militärisch und ökonomisch erobert. In Verbindung damit fand eine zweite Eroberung statt, vermittels der Katechese geschah eine kulturelle und geistig-geistliche *Conquista*. Der andere (Indianer und Schwarzer) sollte zum sel-

[1] Vgl. dazu: *J. M. de Paiva*, Colonização e catequese, São Paulo 1982, 43–48; *T. Todorov*, Die Eroberung Amerikas. Das Problem des Anderen, Frankfurt 1985, 11–22; *G. Girardi*, La conquista de América. Con qué derecho, San José de Costa Rica 1988, 35–42.

ben (zum iberischen Christen) gemacht werden. In der zeitgenössischen Ideologie stellt der *Orbis christianus* die von Gott gewollte Ordnung auf Erden dar. Päpste, Könige und Fürsten müssen mit allen nur möglichen Mitteln diese Ordnung verbreiten. Die Bulle *Inter coetera* Papst Alexanders VI. aus dem Jahre 1493 spiegelt dieses in der gesamten Evangelisierung Lateinamerikas sich auswirkende Verständnis gut wider: »Der katholische Glaube und die christliche Religion sollen besonders in unseren Zeiten gerühmt und allenthalben verbreitet und ausgeweitet werden; das Heil der Seelen soll gesucht werden, die barbarischen Nationen sollen unterworfen und dem Glauben unterstellt werden.«

Außerhalb dieser Ordnung herrschen Perversion und Ungehorsam. Deshalb müssen die Mauren ebenso wie die Indianer und die Schwarzen unterworfen werden. Die von Gott gewollte Ordnung bildet ein politisches und religiöses Ganzes. Die Eingeborenen evangelisieren heißt: sie in den *Orbis christianus* führen, will sagen: sie zu Portugiesen bzw. Spaniern machen. Theologisch und pastoral ausgedrückt: die Evangelisierung war an eine luso-spanische kulturelle Beschneidung geknüpft. Durch die Zusammenführung in Dörfern und Siedlungen wurden die Indianer in einer Weise sowohl »portugisiert« bzw. »spanisiert« als auch christianisiert, daß – einem Ausdruck José Anchietas zufolge – der »Indianer nichts mehr von einem Indianer hatte«;[2] er war etwas anderes und eben kein Indianer mehr. Sinnbild dafür war, daß er seinen ursprünglichen Namen verlor und daß ihm die Missionare einen neuen Namen gaben.[3] Ihrer Kultur und dem umfassenderen Rahmen, der alle primitiven Kulturen trägt: der Religion, total entwurzelt, werden die Indianer und später – in systematischer und grausamer Weise – die Schwarzen in die Logik des merkantilistischen Projektes hineingetrieben: Als Knechte und Mägde bzw. als Sklaven und Sklavinnen haben sie die Arbeitskraft zu stellen.

Evangelisierung bedeutete Unterweisung in einem schon kodifizierten und fertigen Glauben. Ein interkultureller Dialog, der mit den kulturellen Möglichkeiten der Indianer und Schwarzen dem Glauben eine neue Gestalt hätte geben können, fand

[2] Cartas dos primeiros jesuitas do Brasil, Bd. 2, São Paulo 1954, 82.

[3] Ebd., Bd. 3, 476.

nicht statt. Die Katechese zerstörte die anderen als andere, indem sie sie »drängte, hereinzukommen« – in die iberischen Sitten und Gebräuche hinein. Sobald Indianer und Schwarze akkulturiert waren, wurden sie in die Zwangsarbeit eingespannt. So war die Evangelisierung ein kolonisierendes Unternehmen. Die Ideologie des *Orbis christianus*, der einzig rechtmäßigen und in den Augen Gottes möglichen Ordnung, vereinte Kaufleute und Missionare; diese akkulturierten, jene versklavten.

1. Die der kolonisierenden Evangelisierung zugrunde liegende Theologie

Was für eine Theologie liegt dem kolonialen Modell zugrunde? Vier Punkte möchten wir betrachten und herausstellen:

Identifizierung des Reiches Gottes mit der Kirche. Der ganze Heilsplan Gottes verdichtet sich in der Kirche. Ohne das Wirken der Kirche geschieht nichts, was für die Menschheit Ewigkeitswert hätte. Deshalb der pastorale Eifer, Seelen zu retten. Deshalb das Bestreben, eine größtmögliche Zahl an Menschen zu taufen, damit sie des Himmels sicher sein können; widrigenfalls wären sie ja für die Hölle bestimmt. Der Tod getaufter Kinder war Anlaß zur Freude: »Jene [Kinder, die nach der Taufe starben] waren die, die von dieser Erde für den Himmel bestimmt waren; und bevor die Bosheit sie verändert hätte, hat der Herr sie geholt.«[4] Die Missionare der Zeit konnten schwerlich andere Ausdrucksformen des Gottesreiches wahrnehmen, die in den Kulten der Indianer und Schwarzen und im Alltagsleben der Menschen jenseits ihrer Religionszugehörigkeit verwirklicht waren.

Identifizierung der Kirche mit der christlichen Welt. Kirche und *Orbis christianus* decken sich vollständig. Religiöse Macht und politische Macht addieren sich beim Aufbau ein und desselben – von der religiösen Sicht des Mittelalters geprägten – Modells von Gesellschaft. Christsein beinhaltet Übernahme der christianiserten Kultur. Glaube und Religion, Evangelium und Welt sind eins. Das ist der Grund, weshalb sich der Kolonialprozeß als ein einziges – kommerzielles wie missionarisches –

[4] *S. Leite*, Novas cartas jesuíticas, Rio de Janeiro 1940, 164.

Unternehmen versteht. Beide Seiten stehen im Dienst an der von Gott gewollten Ordnung auf Erden, und beide haben das Ansinnen, das Himmelreich in dieser Geschichte entstehen zu lassen.

Identifizierung der christlichen Welt mit der Welt überhaupt. Die einzige Welt, die etwas gilt, ist die christliche Welt. Deshalb kommt es darauf an, alle nichtchristlichen Völker in die christliche Welt einzugliedern. Für die Indianer, schreibt Anchieta, »gibt es keine bessere Predigt als das Schwert und die Eisenrute«.[5] Ja, manch einer hielt die Gier nach Edelmetallen für ein Geschenk der göttlichen Vorsehung, weil diese ja zur Begegnung mit den Indianern und, daraus sich ergebend, zu deren Bekehrung führte. Wer versklavt wurde, hatte sich obendrein glücklich zu schätzen, weil er mit dem Empfang der Taufe zur christlichen Welt gehörte und somit der ewigen Verdammnis entgangen war.[6] Die sittlichen Verfehlungen seitens der getauften Portugiesen und Spanier gingen einzig auf das Konto der Einzelmenschen mit ihren Entartungen, nie aber sah jemand in ihnen den Ausdruck einer eventuellen Niedertracht des Systems. Im zeitgenössischen Verständnis war das christliche System gesund, von Gott gesegnet und damit unantastbar.

Identifizierung des anderen und Andersartigen als Teufelswerk. Das andere galt entweder als Ausdruck des Paradieses (das Bild vom Paradies stand bei den ersten Seefahrern hoch in Kurs) und wurde dann als unschuldig akzeptiert oder als Ausdruck der Antiordnung, deren geheimer Verursacher der Teufel ist, und wurde dann abgelehnt. Zwischen Medizinmann und Missionar geht ein ununterbrochener Kampf. Dabei wird der Medizinmann (mitsamt seinem Wissen) oft genug als Verfälscher der Wahrheit und Agent des Teufels disqualifiziert.[7]

Dieser Identifizierungsprozeß führte dazu, daß sich die iberi-

[5] *J. de Anchieta*, Cartas, informações, fragmentos históricos e sermões do Pe. Joseph de Anchieta, Rio de Janeiro 1933, 179.

[6] Vgl. *J. Höffner*, Christentum und Menschenwürde. Das Anliegen der spanischen Kolonialethik im goldenen Zeitalter, Trier 1947; 2. verb. Auflage: Kolonialismus und Evangelium, Trier 1969.

[7] Diesbezügliche Texte siehe in: *M. da Nóbrega*, Cartas do Brasil e mais escritos, Coimbra 1966, 56; vgl. auch: *L. F. Baeta Neves*, O combate dos soldados de Cristo na terra dos papagaios. Colonialismo e repressão cultural, Rio de Janeiro 1978, 93 f.; *J. Specker*, Die Missionsmethode in Spanisch-Amerika im 16. Jahrhundert. Mit besonderer Berücksichtigung der Konzilien und Synoden, Beckenried 1953, 116–135; *P. Borges*, Métodos misionales en la cristianización de América, Siglo XVI, Madrid 1960, 250 f.

sche Gesellschaft und in ihr das Christentum als geschlossenes, intolerantes und autoritäres Ganzes erwiesen, weil sie sich als ausschließliche Trägerinnen des Heils ebenso wie der Kriterien dafür hielten, was gut und was schlecht war und was Gott gefiel und was ihm mißfiel. Die gesellschaftlichen und ideologischen Bedingungen der Zeit gestatteten es kaum, die überlieferte Lehre von der universalen Offenbarung Gottes und den Samenkörnern des Wortes in den menschlichen Kulturen zu aktualisieren, ohne daß das System in eine Krise geraten wäre. Derartige theologische Ansätze hätten es den Missionaren möglich gemacht (was einigen von ihnen, besonders in Mexiko, ja auch gelang), sich auf einen interkulturellen Dialog einzulassen und für die Schaffung einer amerindianischen Kirche zu öffnen, was übrigens auch dem reifen Bartolomé de Las Casas vorschwebte.[8] Doch leider geschah die Evangelisierung auf der Schiene der Unterwerfung. Deshalb ist das kolonisierte Christentum zutiefst widersprüchlich: Zwar bewahrt und transportiert es einen Diskurs der Befreiung, wie er der Frohen Botschaft innewohnt, doch ist dieser losgelöst von einer kulturellen und politischen Praxis der Befreiung. Die Praxis will vielmehr Unterwerfung unter den kolonialen Status und seine sozialen und religiösen Institutionen. Trotzdem dürfen wir nicht die Tatsache aus dem Auge verlieren, daß in der kolonisierenden Evangelisierung immer auch ein Samenkorn der Befreiung schlummert,[9] das, eines Tages, aus seinem unterirdischen Dasein ans Licht kommen und dann zügig in die Geschichte hineinwachsen kann.

2. Die der befreienden Evangelisierung zugrunde liegende Theologie

Uns scheint, daß dieser Tag für Lateinamerika gekommen ist. In dem Beschlußdokument der Bischofskonferenz von Puebla 1979 »Die Evangelisierung in Gegenwart und Zukunft Lateinamerikas« hat er inzwischen seinen bewußten, offiziellen Ausdruck gefunden. Die neue Evangelisierung spricht alles an, was in fünfhundert Jahren Verkündigung und Leben der christlichen

[8] Vgl. *J. B. Lessègue*, La longa marcha de Las Casas, Lima 1974, 363 f. 385 f.
[9] Siehe dazu: *E. Dussel*, Desintegraión de la cristiandad colonial y liberación, Salamanca 1973; *P. Richard*, Morte das cristandades e nascimento da Igreja, São Paulo 1982.

Botschaft geschehen ist. Sie erwächst aus einer geistlichen Unterscheidung, will sagen: aus der bewußten Wahrnehmung der Grenzen und Verzerrungen, die ihr das Bündnis mit dem Kolonialprojekt zugefügt hat. So ist Umkehr angesagt: Bruch mit einer bestimmten Art von Vergangenheit wie auch mit bestimmten mentalen und institutionellen Modellen von Kirche. Und schließlich müssen wir die neue Evangelisierung einüben im Zeichen von Dialog und Begegnung zwischen Glauben einerseits und geknechteten Kulturen, Zeugen-Kulturen und neuen Kulturen andererseits, in der Perspektive einer umfassenden Befreiung.

Die Kirche darf nicht auftreten, als wäre sie eine fertige Größe, die sich nur noch durchzusetzen braucht; sie muß sich darstellen als eine offene Wirklichkeit, die sich erst noch entwickeln muß, in Fühlung mit der widersprüchlichen Realität, die das Kennzeichen unseres Erdteils ist. Puebla bietet uns den theologischen und pastoralen Schlüssel an für den Prozeß einer neuen Evangelisierung als Mutter eines neuen geschichtlichen Modells von Kirche. Die betreffende Stelle ist der berühmte Abschnitt 85, in dem es heißt, Evangelisierung geschehe immer in Verbindung zur geschichtlichen und gesellschaftlichen Realität.

Bei dieser Begegnung wird die Realität nicht nur wahrgenommen, sondern auch kritisch analysiert und im Blick auf die Mechanismen, die sie in wenige Reiche und viele Arme spaltet, entziffert. Verbindet sich der Hunger nach Gott, den die kolonisierende Evangelisierung geweckt hat, mit dem Hunger nach Brot, den wir heute beobachten, dann entsteht eine befreiende Evangelisierung. Puebla zufolge hat die Inkulturation »in dynamischer Weise« zu erfolgen; das heißt: sie darf keine bloße Wiederholung dessen sein, was bisher gesagt und gelehrt worden ist, sondern muß vital und flexibel sein und die im christlichen Entwurf schlummernden Möglichkeiten zur Humanisierung deutlich machen. Sodann hat Inkulturation »gewinnend« zu sein; will sagen: sie setzt eine Kodifizierung voraus, die der Mentalität unserer Zeit wie auch den verstehensmäßigen Erfordernissen der Bevölkerungsmehrheiten entspricht, die keine Schulbildung haben und verarmt sind. Schließlich muß die Inkulturation »überzeugend« sein; mit anderen Worten: sie muß den Menschen einen neuen Lebenssinn eröffnen; und das kann sie nur dann, wenn sie prophetisch auftritt gegen die geschichtlichen

Unterdrückungen auf unserem Erdteil und sich befreiend einsetzt für das Neue und Alternative, das der Glaubensschatz in sich trägt.

In diesem Evangelisierungsgeschehen gibt es nicht den Evangelisierenden und den Evangelisierten als zwei innerkirchliche Fraktionen. Beide evangelisieren sich gegenseitig und bauen somit an einer Kirche, die sich als geschwisterliche Gemeinschaft versteht und die als ganze Amt, Dienst und Mission ausübt. Was kraft des Geistes in Lateinamerika gegenwärtig in Gang ist, ist eine gewaltige Ekklesiogenese; das heißt: die Genese einer Kirche aus dem Evangelium, das es mit der Welt der Ungerechtigkeit und der Armut aufnimmt und so seine befreiende Kraft zeigt. Im folgenden möchten wir die theologischen und ekklesiologischen Kriterien, die dieser neuen befreienden Evangelisierung die Richtung weisen, rasch etwas eingehender betrachten.

II. Der dreifaltige Gott kommt immer früher an als der Missionar

Der erste Missionar und Evangelisator ist der dreifaltige Gott selbst. Wer Gott richtig denkt, nämlich als Gemeinschaft der drei göttlichen Personen, welche die Schöpfung und die Männer und Frauen einladen, an ihrer Gemeinschaft teilzuhaben, versteht leicht die Gegenwart Gottes in der Geschichte. Treffend sagt Johannes Paul II. den lateinamerikanischen Bischöfen in Puebla: »Unser Gott ist in seinem tiefsten Geheimnis nicht ein einzelner, sondern Familie.«[10] Damit will der Papst den Charakter der *Koinonia* hervorheben, die das Wesen des trinitarischen Geheimnisses ausmacht.[11] Der Gott der Christen ist die ewige und wesenhafte Gemeinschaft zwischen den göttlichen Drei, die aus dem innertrinitarischen Leben heraus überströmt, sich den Menschen in der Geschichte schenkt und sie befähigt, die Gemeinschaft auch unter sich, in der Familie und in der Gesellschaft zu suchen und zu leben. Was wir an menschlichen Gemeinwesen, an gesellschaftlichen Beziehungen zwischen ihren Mitgliedern und an unstillbarem Verlangen nach Mitbestimmung und Beteiligung, nach Gemeinschaft und Zusammenleben beobachten, haben wir als Impulse zu betrachten, die die Dreieinigkeit der Geschichte eingibt, als schwache Widerspiegelungen ihrer eigenen inneren Gemeinschaft. Ohne Zweifel gibt es Spannungen, Klassenkämpfe und Sünde; doch sie siegen nicht über die Dynamik in Richtung von sozialer Sensibilität und Geschwisterlichkeit.

Ein Missionar ist entweder ein kontemplativer und mystischer Mensch, oder er ist kein wirklicher Missionar. Ein echter Verkünder des Evangeliums ist durchdrungen von dem Glauben an die spürbare Präsenz der Dreifaltigkeit in jeder Windung der Geschichte, sosehr menschliche Boshaftigkeit sie auch verdun-

[10] In der Ansprache während des Gottesdienstes zur Eröffnung der Bischofskonferenz auf dem Gelände des Priesterseminars von Puebla am 28. 2. 1979.

[11] Vgl. *L. Boff*, Der dreieinige Gott (BThB), Düsseldorf 1987, bes. 145–179; siehe auch: *ders.*, Kleine Trinitätslehre, Düsseldorf 1990, ^{2}1991.

keln mag. In den hoch sozialisierten Lebensformen der Azteken, in den Gemeinschaftsarbeiten der brasilianischen Indianer wie in dem tiefen Gemeinschaftssinn der meisten brasilianischen Indianerstämme ahnt er Sakramente der trinitarischen Gemeinschaft und Hinweise auf die Gegenwarte des Vaters, des Sohnes und des Geistes in der Welt. Missionare kommen immer zu spät; vor ihnen ist der dreifaltige Gott schon da. Der dreifaltige Gott offenbart sich nämlich stets in Bewußtsein und Gewissen, in Geschichte und Gesellschaft, in Fakten und Fährten der Völker. Deshalb heißt es im II. Vaticanum bezüglich der missionarischen Qualität der Kirche: Sie »hat ihren Ursprung aus der Sendung des Sohnes und der Sendung des Heiligen Geistes... gemäß dem Plan Gottes des Vaters« (*Ad gentes,* Nr. 2). Damit hat die Kirche einen eminent trinitarischen Charakter.

In Lateinamerika muß die neue Evangelisierung, so will es Puebla, Gemeinschaft und Beteiligung schaffen, dank den Kräften von Gemeinschaft und Beteiligung, die die Dreifaltigkeit selbst in den hiesigen Traditionen und Kulturen geweckt hat.[12] Dabei dreht es sich nicht darum, von außen importierte Modelle hier einzupflanzen, sondern zu potenzieren, was die Dreieinigkeit wie auch Männer und Frauen im Laufe der Jahrhunderte aufgebaut haben. Eine Evangelisierung, die es nicht fertigbringt, ihren Beitrag zu leisten für den gewaltigen Prozeß der Herbeiführung einer solidarischen Gesellschaft auf der Grundlage von Beteiligung, Gleichheit, Unterschiedlichkeit und Gemeinschaft, verfehlt ihre theologische Aufgabe und dient nicht dem dreieinigen Gott, der in solchen menschlichen Praxisformen anerkannt und bekannt sein will.

[12] Vgl. die Nr. 212 des Puebla-Beschlusses: »Christus offenbart uns, daß das göttliche Leben dreifaltige Gemeinschaft ist. Vater, Sohn und Geist leben in vollendeter Interkommunion der Liebe, die das tiefste Geheimnis der Einheit ist. Von dort nehmen alle Liebe und alle Gemeinschaft – zur Größe und Würde der menschlichen Existenz – ihren Ursprung.«

III. Das ewige inkarnierte und auferstandene Wort ist stets in den Kulturen wirksam

Im Johannesevangelium heißt es: Das Wort »ist das wahre Licht, und es erleuchtet jeden Menschen« (1,9). Das ewige Wort ist die volle Offenbarung des Vaters innerhalb und außerhalb des trinitarischen Kreises. Die ganze Schöpfung trägt sein Zeichen, weil es das Urbild alles geschaffenen Seins ist (vgl. Joh 1,3; Kol 1,16; Eph 1,22). Diese Aussage des Neuen Testaments enwickelten die Kirchenväter (Justin, Klemens von Alexandrien u.a.) weiter zu dem Theologoumenon von den »Samenkörnern des Wortes«, die in allen Kulturen keimen.[13] Alles, was wahr, weise, und vernünftig ist, was Sinn stiftet und Licht bringt (vgl. Phil 4,8), geht letztlich auf den Sohn und das ewige Wort zurück. Jüngere Dokumente des kirchlichen Lehramtes greifen diese Deutung wieder auf.[14] In der modernen Evangelisierung muß der ganze Wert dieser Tradition wieder zum Tragen kommen. Wie viele Samenkörner fanden keine Anerkennung oder durften nicht wachsen! Die Weisheit der Mayas, Azteken, Náhuatl, Inkas, Tupi-Guarani und anderer Völker wie auch die heiligen Bücher der mittelamerikanischen Weisen[15] vedienen unbedingt höchste Wertschätzung. Alle diese Beiträge der Religionen sollten wir betrachten als »zum Himmel ausgestreckte Arme« (*Evangelii nuntiandi*, Nr. 53) und als durch das Wort ermöglichte Antworten auf den Entwurf der Dreieinigkeit. Insofern sie »lebendiger Ausdruck der Seele breitester Gruppen« (*Evangelii nuntiandi*, Nr. 53) und Weisen der Begegnung der Menschen mit

[13] Vgl. *Justin*, I. Apologie, 46,1–4; II. Apologie 7,1–4; 13,3–4; *Klemens von Alexandrien*, Stromata I, 19,91–94; *II. Vaticanum*, Ad gentes, Nr. 11; Lumen gentium, Nr. 17.

[14] Vgl. *Paul VI.*, Apostolisches Schreiben »Evangelii nuntiandi« über die Evangelisierung in der Welt von heute. 8. Dezember 1979. Verlautbarungen des Apostolischen Stuhls 2, Bonn o.J., Nr. 53; *Bischofskonferenz von Medellín*, Volkspastoral Nr. 5.

[15] Siehe: *P. Suess*, Questionamentos e perspectivas a partir da causa indígena, in: Incultura çāo e libertação, São Paulo 1986, 160–175; *ders.*, Culturas indígenas e evangelização, in: REB 41 (1981) 211–249; *R. Nebel*, Altmexikanische Religion und christliche Botschaft. Mexiko zwischen Quetzalcóatl und Christus, Immensee 1983, 309–368.

Gott und Gottes mit seinen Söhnen und Töchtern sind, haben sie bleibenden Wert.

Im Lichte der vollen Offenbarung in Jesus Christus können und müssen sie als eine Art Alten Testaments angesehen werden. Da das ewige Wort in ihnen wohnt, tragen sie auch schon die Substanz des Neuen Testaments in sich (die Einheit der Offenbarung, wie sie vom Alten und Neuen Testament bezeugt wird). Indianern und Schwarzen müssen wir die Möglichkeit eröffnen, die Bibel auf ihre Weise zu erfahren. So ist zum Beispiel die Genesis die Frucht der Tatsache, daß der jüdische Eingottglaube nicht vor einem Dialog mit den Schöpfungsmythen des Vorderen Orients zurückgeschreckt ist, sondern diese assimiliert hat. Was Juden vorfanden, lehnten sie nicht ab, sondern filterten es alles im Lichte ihres Glaubens an einen einzigen Schöpfergott. Ähnlich verhält es sich mit der biblischen Weisheitsliteratur, die ja von Ägypten und Mesopotamien her beeinflußt ist. So müssen auch Indianer und Schwarze, die den Verheißungen Christi anhangen, ausgehend vom Glauben und von den Elementen ihrer Kultur sich ihre Synthese schaffen können.

Das römische Christentum ist das Ergebnis der Begegnung des biblischen Glaubens mit jüdischem Disporaleben, mit Hellenismus, römischer Kultur, Beitrag der Germanen und modernem Denken. So kann man auch das Entstehen eines lateinamerikanischen, das heißt afroindiolateinischen, schwarzen, mestizischen und weißen Christentums voraussagen. Allerdings wird solch eine Synthese nur möglich sein auf der Grundlage eines grenzenlosen Glaubens an die Kraft des Evangeliums, in der Kühnheit, die Zeugen-Kulturen anzunehmen und sie mit dem Sauerteig des Christentums zu durchdringen. Natürlich wird manches geläutert und ausgeschieden werden müssen, aber die kulturellen Grundmuster dieser Völker werden die göttliche Offenbarung auf ihre Weise in sich aufnehmen. Ohne daß sie aufhörten, zu sein, was sie sind, werden sie sich so gestalten, daß dadurch assimiliert, erhöht und erfüllt wird, was das ewige Wort im Zusammenwirken mit den Frauen und Männern bereits aufgebaut hat. Die nichtchristlichen Religionen sind nicht einfach Realitäten außerhalb des Christentums; sie sind von etwas durchwirkt, das allerorten wirksam ist: vom ewigen Wort, das in ihnen und im Christentum am Werk ist.

1. Drei Dimensionen der Inkarnation

Das ewige und universale Wort inkarnierte und partikularisierte sich in der irdischen Wirklichkeit des Jesus von Nazaret. Das Geheimnis der Inkarnation[16] beinhaltet u.a. drei Dimensionen, die wir jetzt zu bedenken haben.

Da gibt es zunächst eine unbestreitbar *ontologische* Dimension, wie sie auf dem Konzil von Chalcedon (451) definiert worden ist: In der Person des Wortes vereinigt sich die göttliche Natur mit einer realen, geschichtlichen, biologischen und kulturellen menschlichen Natur. Diese Menschheit Jesu gehört zu Gott selbst. Diese Betrachtungsweise berücksichtigt nicht die konkreten, konfliktgeladenen und begrenzten Bedingungen, innerhalb deren sich das Geheimnis realisiert. Sie hebt vielmehr die Tatsache hervor, daß es der menschlichen Natur möglich ist, mit der Gottheit »unvermischt, unverwandelt, ungetrennt und ungesondert« (so wörtlich das christologische Dogma von Chalcedon) zusammenzuleben und radikal geeint zu werden. Fortan ist die Bestimmung der menschlichen Natur endgültig gesichert; denn sie hat angefangen, zur Geschichte des ewigen Sohnes und durch ihn der ganzen Dreifaltigkeit zu gehören. Dieses Hauptstück unseres Glaubens begründet das sogenannte »Gesetz der Inkarnation«: Der Sohn macht sich alles zu eigen, nichts läßt er aus (außer der Sünde – Hebr 4,15 –, die eine verfälschte moralische Beziehung ist).

Diese göttliche Logik inspiriert nun die Christen zu einem analogen Verhalten. In der Begegnung mit dem anderen müssen sie es in seiner Ganzheit annehmen; von innen heraus haben sie eine Synthese zwischen der kulturellen Vorgabe und der christlichen Botschaft erwachsen zu lassen. Wie sich der Sohn, als er die menschliche Existenz annahm, ihr anglich, so muß analog auch der Evangelisierungsauftrag in die Tat umgesetzt werden: Zapoteke mit den Zapoteken werden, Tukano mit den Tukanos, Aymara mit den Aymaras. Im Lichte des Geheimnisses der Inkarnation können wir sagen: Die Zapoteken- wie die Tukano-Kultur sind durchaus imstande, ihre volle Identität zu wahren und das Geheimnis des Christentums ohne Vermischung und

[16] Vgl. *A. Antoniazzi*, Encarnação e salvação: Status questionis, in: Inculturação e libertação (Anm. 15), 130–143.

ohne Scheidung in sich aufzunehmen. Mit anderen Worten: Jedes Volk muß Volk Gottes werden können, ohne durch die Vermittlung jener Gruppe hindurch zu müssen, die als erste erkannte, von Gott geliebt und infolgedessen Volk Gottes geworden zu sein, des jüdisch-christlichen Volkes.

Zweitens läßt uns die Inkarnation die *Transparenz* erspüren und mithin die vermeintliche Unüberbrückbarkeit zwischen Transzendenz und Immanenz überwinden. Transzendenz und Immanenz sind ihrer Herkunft nach griechische Kategorien, die in das christliche Gedankengut eingedrungen sind. Für das Verständnis des Neuen am Christentum stellen sie ein großes Risiko dar: der Spiritualisierung oder der Säkularisierung. Entweder wird der Glaube von der Transzendenz her artikuliert, mit der Folge, daß die Immanenz ihr Gewicht verliert und das Christentum sich als ein geschichtsloses Gebilde erweist, das mit den realen Prozessen nichts mehr zu tun und für den Alltag keine Relevanz mehr hat; oder er wird von der Immanenz her artikuliert, mit der Folge, daß die Transzendenz überflüssig erscheint und das Christentum in den Säkularismus abgleitet und primär zu einer religiösen Macht wird, die Politik und Welt maßgeblich beeinflußt. Die Inkarnation lehrt uns, die Transzendenz innerhalb der Immanenz zu betrachten. Das Ergebnis einer solchen Sicht ist die Transparenz der Immanenz und die Geschichtswerdung der Transzendenz. Die Transparenz vereint beide, ohne das je Spezifische der einen wie der anderen zu zerstören, ähnlich der göttlichen und der menschlichen Natur in Jesus, die immer, ohne Vermischung und Scheidung, miteinander vereint sind.

Bezogen auf das Thema, das uns hier beschäftigt, heißt das: Die Evangelisierung hat die vom Glauben angerührte Welt transparent zu machen. Der Preis dieser Transparenz ist, daß jede Gegebenheit gereinigt und geläutert wird, ohne daß sie sich dabei verliert oder gar aufgehoben wird. Ein Indianer, der die christliche Botschaft annimmt, darf nicht sein Selbstgefühl als Indianer einbüßen; er muß sich noch radikaler als Indianer fühlen und den christlichen Glauben als eine Potenzierung seiner indianischen Existenz erfahren. Vielleicht erscheint solch eine Herausforderung utopisch. Aber in die Richtung dieser Utopie muß der Weg des Evangeliums in der Geschichte eines jeden Volkes gehen.

Das dritte Element, das wir im Geheimnis der Inkarnation entdecken, ist ihre *historisch-soziale* Gestalt. Wie lebte Jesus konkret seine göttliche Sohnschaft, und unter welchen materiellen und kulturellen Bedingungen setzte er seine evangelisatorische Praxis ins Werk? An seinem Modell inspirieren sich die Christen und Christinnen, wenn sie sich um eine authentische Evangelisierung bemühen. Wir wollen nur einige Punkte hervorheben:

2. Jesus der Evangelisierende: Paradigma jeder Evangelisierungspraxis

Im Evangelium geht es immer um definitiven Lebenssinn. Gottes Macht siegt über den Tod ebenso wie über die bösen Mächte dieser Welt, und die Schöpfung ist vollends in Gottes Plan (Reich Gottes) integriert.[17] Das Evangelium ist, in einer glücklichen Formulierung Pauls VI., »die Verkündigung des befreienden Heiles« (*Evangelii nuntiandi,* Nr. 8). Im Evangelium steckt, wie der Praxis Jesu zu entnehmen ist, immer das Element der Ansage einer großen Hoffnung: »Das Reich Gottes ist mitten unter euch« (Lk 17,21). »Das Reich Gottes ist nahe« (Mk 1,15). Evangelisieren heißt eine Botschaft vermitteln, die ihrerseits eine Sicht umfaßt von der Welt und insbesondere von deren letzter Bestimmung, welche – wie wir bereits sahen – die Auferstehung einschließt. Aber die Botschaft ist begleitet von Zeichen. Das heißt: von Gesten, die die Wirklichkeit verändern und damit deutlich machen, daß die angesagten Verheißungen nicht mehr in der Sphäre des Wunsches und der Hoffnung bleiben, sondern bereits begonnen haben und eine neue Geschichte schaffen. Ohne Zeichen würde die Botschaft zu barer Theorie. Und umgekehrt: Nur mit Zeichen und ohne die Botschaft, die sie auslegt, liefe die Evangelisierung Gefahr, zu einem Fürsorgesystem für menschliche Bedürfnisse zu werden, die nie voll befriedigt werden können. Die Zeichen zielen auf etwas Größeres ab. Sie wollen zeigen, daß der letzte Sinn schon dabei ist, innerhalb der Geschichte Wirklichkeit zu werden, daß er schon anti-

[17] Vgl. *I. Strieder,* Evangelização e Palavra de Deus, in: Evangelização no Brasil hoje, São Paulo 1976, 75–94.

zipiert und sichtbar wird. Doch ist das Konkrete lediglich Zeichen für das Große, dessen Kommen noch aussteht. In Jesus begegnen wir immer der Einheit aus Verkündigung und Zeichen, aus Botschaft und Praxis.

a. In seiner Praxis geht Jesus von der Wirklichkeit des Volkes aus

Zunächst setzt Jesus bei der großen Hoffnung der Menschen an, daß alle Probleme umfassend und endgültig gelöst werden. Mit seiner Botschaft vom Reich Gottes, die die größte Utopie seiner Verkündigung darstellt, kommt er dem Volk entgegen: Alle Beziehungen in der Schöpfung werden radikal verändert, so daß deutlich wird, daß Gott wirklich der Herr, Quelle des Lebens und volle Verwirklichung des Menschen ist, wie sie sich in der Auferstehung konkretisiert. Sodann setzt er damit ein, daß er auf die leidvollsten und schmerzlichsten existentiellen Brüche eingeht: auf Krankheiten, auf Diskriminierungen durch religiöse Vorurteile, auf die Sklaverei des Legalismus und auf die Schuldigsprechung des Lebens durch eine ritualistische Religion.

Bei seinem ersten öffentlichen Auftreten in der Synagoge von Nazaret (Lk 4,16–19) wird der befreiende Gehalt in der Botschaft Jesu unmißverständlich deutlich. Was ist heute die große Hoffnung des Volkes? Heute sehnt sich das Volk nach einer neuen, gerechten und partizipativen Gesellschaft. Doch weiß es auch, daß solche sozialen Verhältnisse nur im Rahmen einer größeren Realität zu haben sind, die einzig Gott zu schenken vermag: im Rahmen des neuen Himmels und der neuen Erde, des Triumphes über den Tod, des in seinem Herzen erneuerten und mit seinem Woher und Woraufhin, mit Gott, versöhnten Menschen. Eine Evangelisierung, in der nicht die radikalen Hoffnungen der geschichtlichen Existenz von heute, insbesondere der Armen, aufgehoben sind, wird kaum in Kontinuität und Treue zu Wort und Werk Jesu stehen können.

Zweitens zeigt sich Jesus äußerst sensibel für die existentiellen Brüche und Konflikte, die die einzelnen wie das soziale Gefüge insgesamt spalten. Hier erhellt die Bedeutung der Heilungen, des Augenmerks für die Armen und öffentlichen Sünder und des unentwegten Eintretens für die Verrandeten, die in der Gesellschaft keinen Platz haben. Die Welt ist für Jesus weder rosig noch konfliktfrei. Äquidistanz kennt er nicht, dafür ist er viel zu sensibel für menschliche Dramatik, vor allem wenn sie Machtlose betrifft. So mischt er sich an der Seite derer, die unter religiösem Zwang stehen und gesellschaftlich unterdrückt werden, in den Konflikt ein. Jesu Option für die Armen ist Teil seiner Bindung an den Vater und an die Botschaft vom Reich Gottes. Kein Schmerz läßt ihn unberührt, und kein Hilfeschrei bleibt bei ihm unerhört.

Eine Evangelisierung, die im Blick auf die geschichtlichen (durch strukturelle wie willentliche Verzerrungen produzierten) Ängste nicht befreiend wirkt, die die Existenz nicht humanisiert und die das Leben nicht durch die Ermöglichung eines geschwisterlichen Zusammenlebens (einer messianischen Gemeinschaft) erleichtert, kann kaum den Anspruch erheben, in der jesuanischen Tradition zu stehen. Wenn Jesus nicht auch *von* den – unsere Sünde konkretisierenden – menschlichen Mißständen befreit, dann befreit er auch nicht *zu* höheren Formen gesellschaftlicher, persönlicher und göttlicher Beziehungen, ja, dann ist er nicht der Jesus, wie ihn die Evangelien bezeugen, sondern ein Fetisch, ein Produkt und Spielball der Interessen der Macht und der Herrschaft ekklesiastischer Institutionen.

Die Evangelien geben zu verstehen, daß Jesus das Leben des Volkes kannte: wie man sät, wie ein Gehöft verwaltet wird, wie Arbeitslose auf dem Platz herumstehen, wie Brot gebacken wird, wie Unkraut und Weizen zusammen wachsen, wie man Feste feiert, wie Familien von Konflikten gespalten werden, wie eine Witwe, die ihren einzigen Sohn verliert, von Trauer bewegt ist und wie Randexistenzen nach Hilfe schreien. Aus all dem nimmt er den Stoff für seine Gleichnisse. Jesus moralisiert nicht, sondern nimmt die Dinge, wie sie sind, mit all ihren Widerspüchen. Er weiß, was in den Menschen wohnt: Bequemlichkeit und Feigheit, aber auch Mut und Treue bis zum Tod.

Eine Evangelisierung, die Glauben und reales Leben nicht zusammenbringt und die es nicht versteht, in ihre Rede über Gott die vielgestaltige Dramatik der Existenz einzubinden, entfremdet am Ende und wird geschichtlich bedeutungslos. Sie hat so gut wie nichts zu sagen, weil sie nicht ernst nimmt, was für das Leben ernst und wichtig ist.

b. Die kontemplative Sicht Jesu

Jesus ist keine Gestalt, die Gott nur an den klassischen Orten der Religion (Gebet, Schrift, Tempel, Synagoge usf.) begegnete. Jesus hat eine kontemplative Sicht der Wirklichkeit: Der Vater weilt in der menschlichen Erfahrung und durchwirkt jede Situation. Jesus betrachtet, wie die Lilien auf dem Feld wachsen und wie die Vögel am Himmel in Freiheit davonfliegen; er weiß, wie sich das Samenkorn in den verschiedenen Arten des Erdreiches verhält; und er versteht etwas davon, wie Feigenbaum und Weinstock wachsen. Doch in diesen irdischen Gegebenheiten erkennt er die Gegenwart des Reiches Gottes und das Wirken der göttlichen Vorsehung. Deshalb kann er mit Recht sagen: »Mein Vater ist noch immer am Werk, und auch ich bin am Werk« (Joh 5,17). Mit anderen Worten: In allem und nicht nur im Gesetz und in den Propheten sieht er, daß der Wille des Vaters in die Tat umgesetzt bzw. in Abrede gestellt wird.

Eine Evangelisierung, die im Volk keine Mystik schafft und die nicht zu einem kulturellen Element wird, so daß Gott in die Schemata zur Interpretation der Wirklichkeit eingeht, kommt ihrem Auftrag nicht voll nach. Wir müssen einräumen, daß die erste Evangelisierung, die unter dem Zeichen der Unterwerfung stand, die bestehende Religiosität fortleben ließ und daß es ihr auch gelang, dem Volk ein starkes Empfinden für die göttliche Vorsehung, für die Gegenwart Gottes im Leiden, für den Schutz der Jungfrau und für den Beistand der Heiligen zu vermitteln. Doch es fehlte ihr die Einheit von Mystik und Politik, von Gebet und ethischem Engagement für Gerechtigkeit.

c. Die Armen als Erstadressaten

Jesus grenzt den Gültigkeitsbereich seiner Botschaft nirgends ein. Was er sagt, betrifft die geschichtliche und die eschatologische Bestimmung des Menschen. Gleichwohl beginnt er stets mit den konkret Notleidenden und Armen.[18] Allein von ihnen her wächst der Botschaft ihre reale Universalität zu. Ließe sie sie beiseite oder hielte sich an die religiösen oder gesellschaftlichen Eliten, partikularisierte sie sich. Angesichts leidender Menschen kann niemand indifferent bleiben. Aus diesem Grund sind die

[18] Vgl. *Cl. Boff/J. Pixley*, Die Option für die Armen (BThB), Düsseldorf 1987, 69–83: »Die Option für die Armen im Neuen Testament«.

Armen Träger universaler Anliegen: Leben für alle, Gerechtigkeit für alle, Recht für alle.

Die Option Jesu für die Armen bedeutet Absage an die Armut und Bekräftigung der eminenten Würde, die der Person des bzw. der Armen eignet. Infolgedessen ist sie Ausdruck der Befreiung sowohl von der Armut als auch vom Reichtum und eine Forderung der Gerechtigkeit, die der Messias und alle, die ihm nachfolgen, bringen sollen. Allein aus der Perspektive der Armen wird ersichtlich, daß die Predigt Jesu Frohe Botschaft ist; will sie doch der Niedergeschlagenheit und der Hilflosigkeit der Armen ein Ende setzen. Das messianische Projekt Jesu beinhaltet ein Ideal geschwisterlicher, gleichheitlicher und freier Gesellschaft, als Zeichen für das Reich Gottes, das in der Geschichte bereits gegenwärtig ist.

Eine Evangelisierung, die die Armen nicht direkt anspricht und die sie in der Hoffnung auf eine neue, alternative Gesellschaft nicht bestärkt, eine Evangelisierung, die sich der Sache der Armen, ihrer Kämpfe und ihrer Leben nicht annimmt, büßt ihre christliche Dichte ein und verrät den historischen Jesus, der in dieser Welt ja ein armer Mensch war, der sich mit den Armen identifizierte und sie zu seinen Stellvertretern in der entscheidenden Stunde der Geschichte ernannte, am Tag des Gerichtes, bei dem über das Los von Mensch und Schöpfung endgültig entschieden wird.

In der Sicht des Matthäus sind die Armen nicht nur Adressaten, sondern auch Inhalt der Frohen Botschaft Jesu.[19] Weil sie arm sind und nicht, weil sie besonders gut wären, gelten die Liebe des Vaters und die Option Jesu den Armen. Gott als der Gott des Lebens und Jesus als der Bringer des Lebens, und zwar des Lebens in Fülle (vgl. Joh 10,10), wenden sich den Armen zu, denen es an Leben mangelt. Dies entspricht einer Notwendigkeit der göttlichen Natur. Am Armen erkennen wir das Wesen Gottes: Gott ist keine Größe, die mit unseren Nöten nichts zu tun hätte, sondern ein Gott, der das Schreien der Unterdrückten hört und der in der Geschichte wirksam ist, indem er sein Reich für Männer und Frauen in Freiheit entstehen läßt. Keine Form von Evangelisierung darf diesen Aspekt aus den Augen verlieren, will sie nicht Gott und Jesus Christus selbst, der den Armen

[19] Vgl. *V. Arraya*, El Dios de los pobres, San José de Costa Rica 1984.

in der Gestalt des leidenden Gottesknechtes entgegengetreten ist, aus dem Auge verlieren.

d. Lösung dramatischer Situationen

Die Frohe Botschaft Jesu erweist sich als Frohe Botschaft, insofern sie auch dort Sinn zu verschaffen vermag, wo die Existenz gescheitert zu sein scheint. Jedesmal wenn Jesus sich einer bestimmten Situation gegenüber sieht, bricht er sie von innen her auf. Mit mittelmäßigen Lösungen, wie Gesetz oder Tradition sie vorschreiben, gibt er sich nicht zufrieden. Jesus überrascht. Er appelliert an die hochherzigsten Energien des Menschen, wie der Bergpredigt zu entnehmen ist. Wenn er auf einen Notleidenden eingeht, läßt er sich nicht einfach auf das ein, was dieser von ihm erwartet. Gewiß, er heilt ihn, aber er fordert ihn auch zu Glauben und Nachfolge auf. Er verzeiht ihm die Sünden, aber er sagt auch: Geh und sündige nicht mehr! Kein Zweifel, das Evangelium ist ein Entwurf; nicht alles gilt für Jesus; es vermittelt konkrete Inhalte vom Vater, vom Reich Gottes, vom unumgänglichen Ja zum Gesandten des Vaters, von grenzenloser Liebe und von unendlichem Erbarmen. Aber in der Begegnung mit Jesus entsteht auch eine Atmosphäre von Befreiung, Erleichterung und Zuneigung. Aus der Praxis und aus den Worten Jesu erwächst also ein Mehr an Lebenssinn, an existentieller Hoffnung und an Offenheit für das Unendliche.

In dem Mann von Nazaret begegnen wir einem großen Geschichtenerzähler. Der Sinn seiner Erzählungen wird allein schon aus der Art und Weise verständlich, wie er sie vorträgt. Immer gibt es, wie die Linguisten sagen, eine *Disclosure situation*, eine Erschließungssituation, die Lösung des Dramas, ein Licht, das überraschend aufleuchtet und das die Existenz mit neuem Mut erfüllt. In solchen Vermittlungen zeichnen sich Heil und Erlösung ab, die Gott im Getümmel der Welt allmählich Wirklichkeit werden läßt.

Eine Evangelisierung, die keine Steigerung des Lebens bringt, die Menschen nicht aus ihren existentiellen Ängsten befreit und die nicht zu gesellschaftlichen Strukturen größerer Mitwirkung und damit Vermenschlichung führt, wird schwerlich die Frohe Botschaft Jesu fortführen und aktualisieren.

e. Die Methode gehört zum Inhalt der Evangelisierung

Nicht nur die Inhalte und die Atmosphäre machen das Evangelium aus, sondern auch die Pädagogik, das heißt die Art und Weise, wie Jesus sein Projekt vermittelt und wie er seine Praxis gestaltet. Jesus entwickelt eine dialogische Struktur; nie drängt er sich auf, wie ein Legalist oder Moralist, der sich an autoritäre Strukturen hält. Er holt seine Hörer bei dem ab, was ihnen vertraut ist; nie greift er zu Mitteln der Macht, um das Reich Gottes und seine Botschaft zu verbreiten. Er setzt auf Überzeugung und Argumentation auf der Grundlage des gesunden Menschenverstandes und von Stimmen ganz tief aus dem Herzen. Das Zeugnis des eigenen Lebens, transparent und hingegeben für die anderen, so daß er selbst keine Zeit mehr hat zum Essen und zum Schlafen, die Kühnheit, mit der er der Beschuldigung, die Religion zu verfälschen, aber auch der Anmaßung der religiösen Machtinhaber entgegentritt, sowie die respektvolle und zärtliche Form, wie er die vom Leben Gestraften behandelt, bilden Elemente des Evangeliums und laden ein, ihm nachzufolgen. Die Art und Weise, wie er sich den Versuchungen stellt, den Konflikten mit seinen ideologischen Gegnern, so etwa einigen Pharisäern, aber auch dem drohenden gewaltsamen Tod, ist ein Modell für Christen und Christinnen.

Auch heute hat sich die Evangelisierung methodisch an diesen Vorgaben Jesu zu orientieren. Sie gehören zum Geheimnis der Inkarnation. Ein für allemal haben Christen und Christinnen dem Griff zur politischen und kulturellen Macht, mit dem sie sich den anderen gegenüber zur Geltung bringen und durchsetzen wollen, abzuschwören. Derartige Strategien zeugen nicht von Vertrauen in die innere Kraft des Evangeliums. Sie erwekken den Eindruck, das Evangelium sei nicht aus sich selbst heraus wahr, sondern nur aufgrund äußeren Drucks von seiten derer, die über die Macht verfügen, Körper und Geist festzulegen und zu unterwerfen.

Es gibt heute subtile Formen, die Strategie der Macht als Werkzeug zur Verbreitung des Evangeliums weiterzuverfolgen. Wir denken da an alle die mit den herrschenden Klassen und transnationalisierten gesellschaftlichen Gebilden in Verbindung stehenden Bewegungen, welche das System der Unterdrückung und Marginalisierung der großen Volksmehrheiten reproduzieren. Was die Anwendung der modernen Effizienztechniken angeht, sind sie in der Regel fortschrittlich, was das Politikverständnis betrifft, aber konservativ. Zur Lösung der großen sozialen Fragen setzen sie noch immer auf das alte Bündnis der ekklesiastischen Institution mit den Macht- und Entscheidungszentren unserer liberal-bürgerlichen Gesellschaften. Möglicherweise tun sie viel für das Volk und für die Armen, aber sicher nichts mit dem Volk, zusammen mit den Armen und aus der Perspektive der Unterdrückten. Am Ende verewigen sie das Abhängigkeitsverhältnis und hindern die Verarmten daran, selbst Subjekte ihrer Geschichte zu werden.

3. Das Konfliktpotential im Prozeß der Evangelisierung

Wo Jesus von Nazaret evangelisiert, bleiben Konflikte nicht aus.[20] Konfliktträchtigkeit wohnt der Verkündigung der Frohen Botschft wie auch der Praxis Jesu inne. Wenn Evangelisierung, wie gesagt, die Annahme des und der anderen (affirmatives Element) voraussetzt, dann setzt sie ebenso die Erlösung (kritisches Element) voraus. Das Ja rechtfertigt nicht, was es bejaht, sondern konfrontiert es mit den Forderungen des Reiches Gottes, der göttlichen Utopie. Sowohl die Kirche als auch jede andere religiöse Artikulation entdecken, wie unzulänglich sie sind. Alle sind aufgerufen, das Gegebene und das Getane in Richtung auf das zu überwinden, was noch getan und was noch verändert werden muß. Es ist dies das Thema der Umkehr, die Christen wie Nichtchristen unentwegt in die Pflicht nimmt. Umkehr heißt nicht Bekehrung zur Kirche oder zu einer bestimmten Gestalt von Evangelium. Zumindest heißt es das nicht an erster Stelle. Wäre dem so, fände die Begegnung in der Weise statt, daß sich der bzw. die andere seiner bzw. ihrer zu entäußern und sich das geltende Christentum europäischer Prägung kulturell zu eigen zu machen hätte.[21] Doch ein derartiges Vorgehen wäre Unterwerfung und nicht Bekehrung, was ja zur Genüge in Lateinamerika geschehen ist.

Wir sagen, Christen müßten sich unentwegt bekehren; mit anderen Worten: Umkehr bedeutet einen Prozeß, von dem sich

[20] Vgl. *C. Bravo*, Jesús, hombre en conflicto, Mexiko 1986, bes. 217 f.

[21] Vgl. *J. Comblin*, Teologia de la misión. La evangelización, Buenos Aires 1974, 97–103.

die Kirche niemals dispensieren kann, auch nicht unter dem Vorwand, sie habe dem Herrn schon ihr Ja gegeben und diesen Prozeß in Taufe und Eintritt in die Gemeinde zum Ausdruck gebracht. Die Kirche muß sich immer zum Herrn, zur messianischen Utopie bekehren, aber auch zu den Mitmenschen, wie sich der Sohn Gottes zu ihnen bekehrt hat, will sagen: sich der Welt zugewandt hat und in sie hineingetreten ist. Doch bekanntlich widerstrebt es allen in der Geschichte in besonderer Weise, über sich selbst hinauszugehen und sich dialektisch zu verneinen, um neue Elemente in sich aufzunehmen und sich offenzuhalten für Gott und das Neue, das – als Einbruch des Geistes – in der Geschichte auftaucht. Wir wissen ja um die Tragödie des biblischen Judentums, das den Messias ablehnte und sich in seine eigenen Hoffnungen einschloß. Und wir müssen auch zugeben, daß der römische Katholizismus kein Ohr für den Ruf der großen Kulturen, insbesondere des Ostens, hatte und es bis heute nicht vermocht hat, sie schöpferisch zu durchdringen.

Diese Konfliktträchtigkeit ist, wie erwähnt, strukturell, gehört zu jedem echten Evangelisierungsprozeß und betrifft den Evangelisierenden und den zu Evangelisierenden. Eine Missionsstrategie, die stimmig ist, besteht darin, daß sich der Missionar zum Indianer bzw. zum Schwarzen bekehrt und daß sich diese zu Christus bekehren. Auf der Grundlage ihres Ja zu Christus gehen sie ihren Lebensweg. Was daraus resultiert, ist dann eine indianische oder schwarze Kirche, eine kirchliche Gemeinschaft von Tupi-Guaranis oder Azteken, die auch ein Ausdruck der *Catholica* und eines der zahlreichen möglichen Antlitze der Kirche Christi und des Geistes in der Kirche ist. Sollte dieser Prozeß der Umkehr zum Evangelium, zu den anderen, zu Christus und zu neuen Formen der Verwirklichung des christlichen Geheimnisses nicht auch heute zum Tragen kommen, so wird es eine echte Evangelisierung, die mehr ist als eine einfache Ausweitung des ekklesiastischen Systems und die niemanden zu einer neuen Beschneidung westlichen und romanisierten Stils zwingt, nicht geben.

IV. Der Heilige Geist: Gottes Phantasie in den Kulturen

Die Unfähigkeit der Missionare, in den anderen Religionen reguläre Wege der Kulturen zu Gott zu sehen, geht zum Teil auf einen gewissen Christomonismus zurück (Christokratie, Konzentrierung des ganzen christlichen Geheimnisses auf Christus). Die christologische Sicht muß mit einer pneumatologisch orientierten Interpretation Hand in Hand gehen. So heißt es treffend in *Ad gentes*, »daß beide [der Herr Jesus und der Heilige Geist] sich darin zusammenfinden, das Werk des Heiles immer und überall zur Fruchtbarkeit zu bringen« (Nr. 4). Ähnlich wie das ewige und präexistente Wort ist der Geist stets in der Geschichte gegenwärtig und treibt die vielfältige Dynamik von Leben und Wachstum. Der Geist öffnet die Kirche für neue missionarische Grenzen. Im folgenden wollen wir – unter anderen Elementen, die hier nicht bedacht werden können – einige Aspekte der Pneumatologie erörtern, die uns im Bemühen um eine neue, befreiende Evangelisierung orientieren können.[22]

1. Der Geist als Prinzip lebendiger Transzendenz

Der Geist ist das Prinzip lebendiger Transzendenz. Mit diesem Satz wollen wir zum Ausdruck bringen, daß alle Kulturen in einem ausdrücklichen oder auch leidvollen Bezug zur Transzendenz stehen. Weder geht die Geschichte in sich selber auf, noch findet das Geheimnis des Menschen in sich selbst überzeugende Gründe für das Leben. Es bleibt die Berufung zum Unendlichen, es bleibt die letzte Frage, das Thema der Religionen, und in solche unvergänglicher Dimension des Menschen – in seiner ozeanischen Tiefe wie in seinem grenzenlosen Wunsch nach Ge-

[22] Vgl. zu diesem ganzen Kapitel: *J. Comblin*, O Espírito Santo e sua missão, São Paulo 1984; *ders.*, Der Heilige Geist (BThB), Düsseldorf 1988; *ders.*, O tempo da ação. Ensaio sobre o Espírito Santo e a história, Petrópolis 1982. Siehe auch den Klassiker: *Y. Congar*, Der Heilige Geist, Freiburg–Basel–Wien 1982.

meinschaft und ewigem Leben – offenbart sich der Geist. Der Fortbestand der Religionen bis in unsere Tage bezeugt, daß der Geist in den verschiedenen Kulturen lebendig ist.

2. Der Geist bricht Institutionen auf und führt Neues ein

Sämtliche Institutionen, einschließlich der ekklesialen und der ekklesiastischen, neigen dazu, sich anzupassen und sich nach der Devise der institutionellen Macht einzurichen. Je mehr die Organisation in den Vordergrund tritt, desto größer wird die Gefahr der Verhärtung und der Erstarrung des Organismus. Wo aber Neues auftaucht und Institutionen aufbrechen, da wird der Geist spürbar. Plötzlich erleben wir Überraschungen; sie wekken neue Hoffnungen und verleihen den Institutionen einen neuen Sinn.

Pneumatologisch betrachtet, kann sich die Kirche nicht für eine fertige und ein für allemal abgeschlossene Größe halten. Solange es noch Kulturen gibt, die noch nicht dem Evangelium begegnet sind und (als Teilbereiche von Kultur oder als ganze) noch nicht ihre Erfahrung mit dem Christentum gemacht haben, kann man nicht sagen, der Auftrag der Evangelisierung sei erfüllt. Daß der römische Katholizismus dem Geist insofern Widerstand geleistet, als er der christlichen Botschaft keine neuen kulturellen Ausdrucksformen zugestanden hat, macht vielleicht seine größte Sünde in der Geschichte aus. Ein beachtlicher Teil der Gläubigen neigt dazu, den Katholizismus als die volle Verwirklichung des Willens Christi und der kühnsten menschlichen Wünsche anzusehen. Abgesehen von der triumphalistischen Überheblichkeit, die darin stckt, hindert eine solche Einstellung daran, die Aufnahmfähigkeit für die Inkarnation und die Möglichkeiten der Vergeschichtlichung in den vielfältigen Kulturen der Welt wahrzunehmen. So erscheint der römische Katholizismus in den Augen der anderen als ein Produkt des Westens, das in weltgeschichtlichem Rahmen mehr und mehr als ein regionales Phänomen gilt.

3. Der Geist als Prinzip der aktualisierenden Übersetzung der Botschaft Jesu

Kühn formuliert das II. Vaticanum, das »Gesetz aller Evangelisation« sei, »das Evangelium sowohl dem Verständnis aller als auch den [berechtigten] Ansprüchen der Gebildeten« in gebührender Weise anzupassen (im lateinischen Original: *aptaret;* in der offiziellen deutschen Übersetzung; *angemessen* zu verkünden; *Gaudium et spes,* Nr. 44). Der Geist bildet, theologisch, die Kraft, die neue Bedeutungen und neue Methoden zur Annäherung zwischen Kultur und christlicher Botschaft findet. Dem Geist obliegt es, den Auftrag Jesu zu vollenden: »Er wird von dem, was mein ist, nehmen und es euch verkünden« (Joh 16,14); »Er wird euch an alles erinnern, was ich euch gesagt habe« (Joh 14,26); und schließlich wird er die Jüngerinnen und Jünger in die Fülle der Wahrheit einführen (Joh 16,13–15). Die volle Wahrheit Jesu zeigt sich in den verschiedenen Übersetzungen, die sie in den unterschiedlichen kulturellen Ausdrucksformen erfährt. Der Geist bewirkt, daß die evangelische Botschaft nicht »in jener Zeit« bleibt, sondern daß sie auch in unserer Zeit neue Möglichkeiten menschlicher und göttlicher Bedeutung an den Tag legt.

Wer das Evangelium auf eine einzige gültige Bekundungsform einengt, verurteilt sich selbst zur Mittelmäßigkeit und preßt das Geheimnis in die Maße unseres Kopfes. Er weigert sich mithin, die Werke zu bejahen, die Gott unter den Völkern vollbracht hat, und hindert sie daran, im Kontakt mit dem christlichen Geheimnis zu einer ausdrucksstärkeren Fülle zu gelangen. Am Pfingsttag ließ der Geist nicht alle dieselbe Sprache sprechen, sondern ließ sie alle in ihren eigenen Sprachen dieselbe Heilsbotschaft hören (vgl. Apg 2,11). Lateinamerika hat Christus noch nicht in den Hunderten von Sprachen unserer verschiedenen einheimischen Kulturen angemessen gehört. Doch es ist nicht damit getan, ihn in der Vielfalt der Sprachen zu hören; seine spezifische Bedeutung muß auch in unterschiedlichen Diskursen und Theologien formuliert werden.

4. Der Geist als Prinzip der Befreiung der Unterdrückten

Wo Jesus auch am Werk ist, stets steigert er die Freiheit. »Wo der Geist des Herrn wirkt, da ist Freiheit« (2 Kor 3,17). Wer gegen Unterdrückung – von welcher Art auch immer – kämpft, dem schenkt der Geist diese Freiheit. Deshalb gilt der Geist als *Pater pauperum*, als Vater der Armen und Unterdrückten, die in Gefangenschaft gehalten sind und sich nach Freiheit sehnen. Der Geist vermittelt Kraft zu Widerstand und Überleben, gibt Mut zur Befreiung, sprengt die Fesseln und weckt in den Verarmten die schöpferische Kraft zu neuen Wegen. Der Geist »leitet den Lauf der Geschichte..., erneuert das Antlitz der Erde und ist in der menschlichen Entwicklung zugegen« (Paul VI., *Octogesima adveniens*, Nr. 37). Paulus sieht im Geist eine Kraft, die vom Regime der Beschneidung befreit und den direkten Zutritt zu Christus bestätigt (vgl. Gal 4,6–7; 5,22–25).

Und heute, müssen wir heute nicht in allen, die in der Weise evangelisieren, daß sie sich bemühen, das Neue des Evangeliums wieder zur Geltung zu bringen und es aus dem Gefängnis einer mißverstandenen, nach Art der alten Beschneidung wie ein Verbot funktionierenden Romanität zu befreien, das Wirken des Geistes sehen? Die Wahrhaftigkeit der neuen Evangelisierung mißt sich an ihrer Fähigkeit, die Unterdrückten wirklich zu befreien und eine amerindianische, afroindiolateinische Kirche entstehen zu lassen, die den auf diesem Erdteil lebenden Menschen eine tiefgreifende Vermenschlichung ermöglicht.

Der Geist ist die Phantasie Gottes. Er läßt sich nicht in irgendwelchen Schemata einfangen. Der Geist ist die Mobilität der Kirche, ihr ständiges Ausziehen und Aufbrechen, ihr Suchen und Streben nach neuen Ansätzen auf den Wegen der Völker, so verschieden sie auch sind.[23]

[23] Siehe dazu: *L. Boff*, A Igreja, sacramento do Espírito Santo, in: versch., O Espírito Santo. Pessoa, presença, atuação, Petrópolis 1973, 108–124.

V. Schritte zu einer Kirche mit mestizischen Zügen

Ehe wir das Modell einer Kirche betrachten, das aus der neuen lateinamerikanischen Evangelisierung erwachsen muß, möchten wir daran erinnern, daß Paul VI. in seinem Rundschreiben *Evangelii nuntiandi* (1975) die Forderung erhebt, die Kirche müsse selbst unablässig evangelisiert werden und sie habe damit zu beginnen, sich selbst zu evangelisieren (Nr. 15). Wir haben auf dieses Postulat schon im ersten Teil der vorliegenden Studie hingewiesen. Es ist von grundlegender Bedeutung; denn üblicherweise redet die Institution nicht so und nimmt so etwas auch nicht ernst. Doch die Kirche hat im Laufe der Geschichte in diesem Punkt, vor allem bei der ersten Evangelisierung Lateinamerikas, so viel falsch gemacht, daß allein schon der klare Menschenverstand sagt, an diesem Gebot führe kein Weg vorbei. Wir sahen bereits, daß die Kirche von den Christen selbst evangelisiert werden muß, indem diese innerhalb der Kirche ihrer prophetischen Aufgabe nachkommen, die vom Evangelium her mögliche schöpferische Kraft entfalten und so mehr Gleichheit (Egalität) und mehr Mitsprache und Mitwirkung (Partizipation) in die Gemeinde bringen. Die Kirche muß sich, wie wir bereits eingehender besprochen haben, von der gegenwärtigen Gesellschaft evangelisieren lassen (*Gaudium et spes*, Nr. 44), muß ausgehend von den Armen das Evangelium neu lernen (vgl. Puebla, Nr. 1147) und muß, schließlich, von denen evangelisiert werden, die sie eigentlich evangelisieren will, in unserem Fall: von den Schwarzen, Indianern und Frauen ebenso wie von den Kulturen unseres Erdteils; denn diese sind ja dank dem Wirken und der Gnade des Geheimnisses auch alle Mittler des Evangeliums Gottes.

1. Evangelisieren, um Gemeinschaften des Glaubens zu schaffen

Erklärtes Anliegen der ersten Evangelisierung war es, Seelen zu retten, für die außerhalb der Kirche kein Heil möglich war. Selbstverständlich möchten Christen, daß alle Menschen gerettet werden. Doch nach unserem Verständnis schenkt ihnen Gott dieses Heil immer wieder, und zwar durch tausend geschichtlich-kulturelle Vermittlungen. In diesem Sinn ist allen das Heil sicher. Aufgabe der Kirchen ist es, das Heil in der Geschichte zu sakramentalisieren, das heißt: sie müssen bewußte Zeichen und Werkzuge der Gestaltwerdung des Heils werden, insbesondere unter den Verarmten und Verrandeten. Konkret: die Evangelisierung zielt darauf ab, die christliche Botschaft in die Welt zu sagen, die Menschen zur persönlichen Zustimmung dazu zu bewegen und den Glauben in Gemeinschaft zum Ausdruck zu bringen. So wird Kirche Wirklichkeit.

Die treffendste Realdefinition von Kirche ist *Gemeinschaft des Glaubens*, das heißt: Gemeinschaft, die sich auf dem Glauben an den Gott aufbaut, der uns seinen Sohn gesandt hat, damit dieser uns zu menschlicher Fülle führt und in der Kraft des Geistes des Lebens und der Freiheit von unseren Perversionen befreit. Die Evangelisierung zielt nicht auf den Menschen als Individuum ab, sondern auf die Person als soziale und gemeinschaftsbezogene Relation. Evangelisierung, die nicht zur Gemeinschaftsbildung führt, verfehlt ihr Ziel. Doch geht es uns mit unserer Rede von Glaubensgemeinschaft nicht speziell um die Gemeinschaft als eine bestimmte, definierte Gestalt gesellschaftlicher Formation, sondern es geht uns um verschiedene Formen des Zusammenlebens, um einen Geist, der in ihnen allen wirken muß; und diese zeichnen sich, so wie sie kulturell geworden sind, durch Unmittelbarkeit in den Beziehungen und durch Teilen des Lebens, der Probleme und der Lösungen aus.[24] Die neue Evangelisierung ist nur dann neu, wenn sie ein Christentum in Gemeinschaften hervorbringt und nicht ein Christentum als Gesellschaft, mit massiven Strukturen, anonymen und asymmetrischen Beziehungen und mit einer rigiden Teilung der ekklesialen Arbeit (zwischen Klerikern einer- und Laien andererseits).

[24] Diese These vertreten wir in: Die Neuentdeckung der Kirche. Basisgemeinden in Lateinamerika, Mainz [4]1985; sowie in: Kirche: Charisma und Macht, Düsseldorf [5]1985.

2. Die Gemeinschaft feiert ihren Glauben und ihr Leben

Jede Gemeinde feiert ihren Glauben und das von diesem Glauben erleuchtete Leben. Dies zu tun ist wesentliche Funktion jeder Kirche. Die Feiern müssen geprägt sein vom Gedenken der Urgesten, welche die Gegenwart Christi und seines Geistes vermitteln (Sakramente) und zum Ausdruck kommen in Symbolen, die ihrerseits als materielle Elemente und Riten dem kulturellen Umfeld entnommen sind. Hier gilt es, konsequent alle Freiheit und schöpferische Gestaltungskraft zu entfalten, die eine gesunde Theologie der Sakramente und der Liturgie gestattet, unter der Bedingung freilich des *salva substantia sacramenti* (daß die Substanz des Sakraments gewahrt bleibt). Dabei hängt die »Substanz«, das heißt: das, was das Sakrament ausmacht, weniger an der Materialität der Zeichen als an der Bedeutung, die Christus eingeführt und die er in Zeichen aus seiner jüdischen Kultur konkretisiert hat. So nahm er etwa, um zu sagen, er sei Leben, als kulturelles Zeichen Brot, weil dies die Hauptnahrung im mittelmeerischen Kulturraum ist. Hätte er dasselbe in den mittelamerikanischen Kulturen gesagt, so hätte er Mais oder Mandioka genommen, weil diese dort für Leben stehen. Aus diesem Grund muß die neue Evangelisierung bei uns den Mut aufbringen, Symbole unserer Kulturen zu wählen, die die göttlichen Geheimnisse zum Ausdruck bringen. Anderenfalls werden wir immer einem kolonialen Verständnis von Evangelisierung verhaftet bleiben.[25]

3. Gemeinschaft des Lebens, der Dienste und der Ämter

Grundlage von Gemeinschaft und Feier ist die Gemeinsamkeit im Leben und in den Diensten. Diese Qualität der *Koinonia* (bzw. der *Communio*) gewährleistet die Kirchlichkeit der Gemeinde. Jedes Miteinander bedeutet (was wir hier nicht im einzelnen ausführen können) Austausch von Erfahrungen und Mitteln von allem, was das Leben der Gruppe betrifft, mit einem Wort: das beständige gemeinsame Bemühen um das Gemein-

[25] Vgl. *J. O. Beozzo*, Para uma liturgia de rosto latino-americano, in: REB 49 (1989) 586–605.

wohl. Echte Gemeinsamkeit gibt es nur, wenn sich die Mitglieder als gleich wissen und gegenseitig als Brüder und Schwestern betrachten. Alle haben ihre spezifische Aufgabe. Nur, die Aufgaben werden in gleicher Weise bejaht und bewertet, ohne Diskriminierung und ohne Marginalisierung. Daher rührt, daß die verschiedenen Ämter und Dienste in der Gemeinde flexibel sind, in Funktion der Bedürfnisse der Gemeinden und der je spezifischen Kulturformationen eines jeden Volkes. Gewiß gibt es Ämter, die auf die strukturellen Bedürfnisse der Gemeinde wie auch des Glaubens in dauerhafter Form bezogen sind, so die Verkündigung, die Sakramentenverwaltung und die Instanzen der Koordinierung und der Ermutigung. Aber es gibt auch Ausdrucksformen, die mit der spezifischen Sensibilität des jeweiligen Volkes zu tun haben.

Eine Evangelisierung, die das andere annimmt und einen Raum dafür schafft, daß andersartige Formen kirchlicher Organisation entstehen können, kann bezeichnet werden als neue Evangelisierung, die nicht bloß die institutionellen Formen reproduziert, welche ihr der Katholizismus europäischer Prägung vorgibt. Derartige Unterschiede stellen weniger eine Bedrohung für die Einheit dar, als daß sie ihren Reichtum bezeugen. So müssen wir anerkennen, daß nur solche Institutionen, die aus dem Geist des Volkes erwachsen, und nur solche Formulierungen, die die kulturelle Mentalität übersetzen und nicht bloß von oben und von unten übernommenes Auswendiggelerntes wiederholen, wirklich evangelisatorisch genannt werden können.

4. Gemeinschaft im Dienst an umfassender Befreiung

Schließlich hat jede kirchliche Gemeinschaft im *Dienst an den anderen* zu stehen. Das ist ihr Auftrag. Die Sendung der Kirche leitet sich vom Sinn der Sendung Christi her: Leben zu bringen und Leben in Fülle zu bringen (Joh 10,10). Sollte die Begegnung mit dem Evangelium keinen Zuwachs an Sinnfülle ermöglichen, die Dynamik des Lebens nicht steigern und die gesellschaftlichen Beziehungen bis hin zur Höchstform der Beziehungen, das heißt: der Beziehung zu Gott, nicht vertiefen, so ist nichts gewonnen. Wir haben es dann mit einem Element zu tun, das das, was das Wort und der Geist in der Geschichte schon zuwege gebracht haben, zersetzt. Man kann sagen, die Ankunft der Missionare in Lateinamerika habe an etlichen Stellen in gewissem Sinn die Ankunft der schlechten Nachricht von Krankheit, Ausbeutung, Unterwerfung und Tod bedeutet. Kann man denn den Gott des Lebens als Gottheit des Todes ansehen und ablehnen, wie bei den Ureinwohnern einige Medizinmänner und Weise es tun?[26] Wegen der politischen und gesellschaftlichen Bedingungen, unter denen die Evangelisierung stattfand, hat die Kirche bei den schwarzen und amerindianischen Völkern einen gut Teil ihrer evangelisatorischen Glaubwürdigkeit verloren. Mit einiger Sicherheit können wir sagen: Die Evangelisierung ist zum Scheitern verurteilt, ja, sie bringt zwangsläufig ein Gegenevangelium hervor, erfolgt sie nicht aus einer mystischen Einstellung und aus einer Hochachtung vor jener ersten Evangelisierung heraus, die der Geist und das Wort zuvor schon im Herzen der Menschen und der Kulturen bewirkt haben. Daß so etwas möglich ist, daß dadurch Leben entsteht und daß die Evangelisierten ihrerseits zu Kräften wirklicher Evangelisierung werden, daß sie die, die sie evangelisiert haben, nun ihrerseits evangelsieren, läßt sich an den Kleinen Schwestern Jesu (des Charles de Foucauld) ablesen, die bei den Tapirapé-Indianern im mittelbrasilianischen Bundesstaat Mato Grosso leben.[27]

Die Evangelisierung wird in Lateinamerika nur dann neu sein und nicht mehr Unterwerfung und Kolonialprojekt fortsetzen, wenn sie von den Armen herkommt und sich auf deren Leben, Anliegen und Kämpfen einläßt. Ausgehend von den Armen, die überall die Mehrheit der Bevölkerung bilden, erweist das Evangelium seine befreiende Kraft. In dem Fall, daß es hier nicht befreiend wirkt, ist es weder das Evangelium Jesu, noch stehen ihm die Titel zu, die seinem Vorsatz, die Kulturen der anderen zu durchdringen, Berechtigung verleihen. Das Kernstück der Puebla-Beschlüsse besteht in der Option der Kirche für die Armen. Damit hat sie die richtige Tür geöffnet, will sie doch dem Leben derer, die Leben brauchen und sich ebenso nach dem ewigen Leben sehnen, ihren menschlichen Dienst erweisen.

[26] Siehe die eingehende Untersuchung von *J. O. Beozzo*, Visão indígena da conquista e da evangelização, in: Inculturação e libertação (Anm. 15), 79–104.

[27] Vgl. dazu: *P. Casaldáliga*, Ich kann nicht länger schweigen (ADVENIAT Dokumente/Projekte 11), Essen 1972, 50.

Aber welcher Methoden und Strategien hat sich diese Evangelisierung zu bedienen? Eine sachgerechte Antwort auf die Frage bieten nach unserer Ansicht Form und Inhalt der Erscheinungen Unserer Lieben Frau von Guadalupe – schon, als das Evangelium gerade erst auf unserem Erdteil Fuß zu fassen beginnt. Guadalupe ist ein Beispiel wirklicher Evangelisierung und hat Modellcharakter. Doch haben die Kirchen aus Guadalupe bis heute noch nicht in genügender Weise die Lehre gezogen. Im folgenden wollen wir uns mit diesem Prozeß befassen.[28]

[28] Zu Guadalupe vgl.: *A. Junco*, Un radical problema guadalupano, Mexiko 1971; *J. Lafaye*, Quetzalcóatl y Guadalupe, Mexiko – Madrid – Buenos Aires 1977; *V. Elizondo*, Unsere Liebe Frau von Guadalupe als Kultursymbol: »Die Macht der Machtlosen«, in: Concilium 13 (1977) 73–78; *ders.*, La morenita: Evangelización de las Américas, Missouri 1981; *S. Carrillo*, El mensaje teológico de Guadalupe, Bogotá 1986; *M. Concha Malo*, La virgen de Guadalupe y el nacionalismo mexicano desde las clases populares, in: Hacia el nuevo milenio, Mexiko 1986, 107–124; *P. Canova*, Guadalupe dalla parte degli ultimi, Vicenza 1984; *Cl. Siller*, Hier wird der Reihe nach erzählt. Das Ereignis von Guadalupe. Urtext und Kommentar, Annweiler 1988; *H. Multhaupt/E. Prégadier* (Hrsg.), Geborgen in meinen gekreuzigten Armen. Die Botschaft von Guadalupe, Paderborn – Annweiler 1988; *D. Bader*, Der Gott der Großen Wahrheit. Als Maria dem Indianer Juan Diego erschien – Guadalupe gestern und heute, in: Christ in der Gegenwart Nr. 40/90, 7. 10. 1990, 333 f.

III. Teil

Die befreiende Methode Unserer Lieben Frau von Guadalupe
Das amerindianische Evangelium

Wer »Evangelium« sagt, stellt immer auch die Frage nach der Methode. Schon Jesus macht in seiner Missionsrede einen schöpferischen methodologischen Vorschlag: Die Zwölf sollten sich ohne irgendwelche materiellen Mittel auf den Weg machen, den Leuten aber den Frieden wünschen (vgl. Mt 10,5–15). Im Laufe der Geschichte der Kirche entzündeten sich dann die hitzigsten Diskussionen an der Frage, wie der Auftrag, das Evangelium zu verkündigen, mit der notwendigen Achtung vor der menschlichen Freiheit zu verbinden sei. Ohne Zweifel ist die christliche Botschaft ein Angebot und kein Zwang.

Mit bis dahin ungekannter Schärfe kam das Problem anläßlich der Eroberungen im 16. Jahrhundert wieder auf den Plan und hat bis auf den heutigen Tag keine Lösung gefunden.[1] An der Arbeit an dieser Frage entscheidet sich, nach unserem Dafürhalten, im Grunde die Herausforderung der vielgenannten Neuevangelisierung. Ist sie, was die Methode angeht, wirklich neu, oder wiederholt sie letzten Endes bloß die Fehler der Vergangenheit und erneuert kaum etwas oder gar nichts? Im Laufe unserer Erörterungen haben wir dieses Interesse immer wieder angesprochen. Im folgenden möchten wir das Problem noch einmal rasch aufgreifen und fragen, wie es sich zu Beginn der *Conquista* stellte. Immerhin ist es heute aktuell wie eh und je.

[1] Siehe: *P. Borges*, Métodos misionales en la cristianización de América. Siglo XVI, Madrid 1960; *J. Specker*, Die Missionsmethode in Spanisch-Amerika im 16. Jahrhundert, Beckenried 1953; *R. Ricard*, La conquista espiritual de México, Mexiko 1986; *R. Romano*, Les mécanismes de la conquête coloniale: les conquistadores, Paris 1972; *M. de Carcer y Disdier*, Apuntes para la historia de la transculturación indoespañola, Mexiko 1953; *L. Hanke*, La lucha por la justicia en la conquista española en América, Buenos Aires 1949.

I. Die Sackgasse der ersten Evangelisierung: Kein Dialog mit der Religion der Ureinwohner

Die Entdeckungen (so die Perspektive der Europäer) bzw. die Invasionen (so die Perspektive der Ureinwohner) stellen die Christen vor eine Reihe von für sie ausgesprochen vielschichtigen Fragen.

Die erste war: Was sind eigentlich die Indianer? Sind sie menschliche Wesen wie wir, die wir folglich zu achten haben, oder bloß wilde Tiere, die wir uns mithin unterwerfen dürfen? Nicht wenige, zumal in den Reihen der Kommendenherren und Kolonisten, hielten die Indianer für Tiere; so behandelten sie sie ja auch. Anders die Missionare. Diese liebten sie geradezu leidenschaftlich; aber sie liebten sie, wie Eltern ihre kleinen Kinder lieben und sich schwertun, ihre Kinder heranwachsen zu sehen. Genauso betrachteten die Missionare die Ureinwohner als Kinder, die noch nicht im Vollbesitz der Vernunft seien. Ja, sie enthielten ihnen die Bezeichnung »vernunftbegabte Menschen« vor, weil diese nur für Weiße und Mestizen gelte.[2] Unter anderem aus diesem Grund konnten nach Meinung der Missionare Indianer nicht zu Priestern geweiht werden; die Folgen dieser Einschätzung wirken bis auf den heutigen Tag verhängnisvoll nach.

Die zweite Frage lautete: Welche Rechte haben die Iberer über die Urbevölkerung? Dürfen sie ihr Land und ihren Reichtum nehmen, ihre Tempel zerstören, sich ihre Männer und Frauen unterwerfen und aus ihnen Christen und Untergebene der spanischen und portugiesischen Monarchen machen? Diese Diskussion führte Francisco de Vitoria und andere große Juristen und Theologen in Salamanca und Valladolid dazu, das *Ius gentium* zu formulieren.

Die Könige waren eifrig auf Recht und Rechtmäßigkeit bedacht. Zu diesem Zweck führten sie Debatten mit den Gelehrten der Zeit. Theologisch und juristisch wollten sie die iberische Ex-

[2] Vgl. *R. Ricard*, La conquista espiritual de Méxiko (Anm. 1), 417.

pansion begründet wissen. Doch in der Kolonie war man pragmatisch, und es galten andere Argumente. Kein Kolonist wäre damit einverstanden gewesen, so weit übers Meer gefahren zu sein, bloß um Ackerbau zu treiben; reich wollte man werden – und über Ländereien und Leute das Sagen haben. So hieß es, für die Indianer sei es besser, versklavte Menschen *(hombres siervos)* zu sein als frei herumlaufende Tiere *(bestias libres)*.

Die dritte Frage war: Wie sollten die Indianer bekehrt werden? Es gibt zahllose Texte aus dem 16. Jahrhundert, die sich in dramatischer Weise mit dieser Frage auseinandersetzen. Von portugiesischer Seite haben wir das bekannte »Zwiegespräch über die Bekehrung des Heiden« von Pater Manoel da Nóbrega[3] und von spanischer Seite den berühmten Text »De procuranda indorum salute« bzw. »Die Verkündigung des Evangeliums in den Westindischen Ländern« von Pater José de Acosta.[4] Acosta sagt, nachdem er viel über das Problem nachgedacht habe, sei er zu dem Schluß gekommen, es gebe drei Methoden der Evangelisierung.[5]

Zunächst erwähnt Acosta die »apostolische Methode«: Der Missionar sei unbewaffnet, verzichte auf jedes Gewaltinstrument und verfüge über nichts anderes als über die Kraft des Wortes Gottes. Nur, diese Vorgehensweise bringe das Leben des Gottesboten unentwegt in Gefahr, sei es doch der Gewalt der Ureinwohner ausgeliefert. So könne er diese Methode nicht empfehlen.

Zweitens gebe es die »koloniale Methode«. Zuerst werde die Urbevölkerung den christlichen Fürsten unterworfen, und sodann predige man ihr das Evangelium. Doch hierbei sei, wegen der Waffen der Kolonisatoren, das Leben der Ureinwohner gefährdet. Auch von dieser Vorgehensweise sei abzuraten.

Die dritte Methode nennt Acosta »Die neue Weise, das Evangelium zu predigen, abgestimmt auf die neuartige Beschaffenheit dieser Nationen«.[6] Und worin besteht diese neuartige Beschaffenheit? In der Tatsache, daß die Ureinwohner »eine Mi-

[3] Das »Zwiegespräch« findet sich in deutscher Übersetzung in: *M. Delgado* (Hrsg.), Gott in Lateinamerika (I. Teil, Anm. 9) (Anm. d. Übs.).
[4] Veröffentlicht in der Biblioteca de autores españoles, Bd. 73, Madrid 1954.
[5] De procuranda indorum salute, op. cit., 2. Buch, Kap. VIII, 442–444.
[6] Ebd., 2. Buch, Kap. VIII, 450.

schung aus Mensch und wildem Tier«[7] seien. Die Methode müsse von dieser Gegebenheit ausgehen: Um der menschlichen Seite der Indianer zu entsprechen, habe der Missionar sie menschlich zu behandeln; und um auf die wilde Seite einzugehen, habe er sie wild zu behandeln. Und wie solle unter diesen Bedingungen das Evangelium verkündet werden? In einer neuen Form, die die positiven Elemente der beiden genannten Methoden miteinander verbinde: Der Missionar dürfe keine Waffen tragen, sondern nur mit dem Wort des Evangeliums ausgerüstet sein (apostolische Methode); andererseits »geht er mit menschlichen Hilfsmaßnahmen und unter der Obhut von Soldaten« ans Werk, »die sein Leben schützen« (koloniale Methode);[8] dieser Methode sei der Vorzug zu geben und sie mache die neue Evangelisierung für Lateinamerika möglich.

Und tatsächlich, diese Methode setzt sich durch. Sowohl Nóbrega als auch Acosta treten für sie ein. Immerhin bringt sie ja auch unmittelbar Früchte. Denn aus Angst unterwerfen sich die Indianer politisch (anerkennen die Könige, entrichten Abgaben und akzeptieren den Papst) und lassen sich in die Kirche aufnehmen, indem sie die christliche Botschaft annehmen, die ihnen der Missionar bringt.

Diese Strategie schuf – als Expansion des europäischen – das lateinamerikanische Christentum. Gegenüber dem römischen Katholizismus europäischer Prägung stellt der lateinamerikanische Katholizismus also nichts Neues dar, sondern verdoppelt ihn nur. Etwas Neues entwickelt sich aus einem anderen Ansatz, der nicht der offiziellen Kontrolle unterliegt. Die Rede ist vom lateinamerikanischen Volkskatholizismus, in dem sich mittelalterliche Elemente, Verehrung von heiligen Schutzpatronen, Gelübde, Wallfahrten, Kapellen, Bruderschaften und Verbände mit assimilierten Aspekten aus den indianischen und afrobrasilianischen Religionen vermischen.

Versuche einer friedlichen Evangelisierung, wie wir sogleich am Beispiel Las Casas sehen werden, sind nur Ausnahmen von der Regel. Evangelisierung ist mit Gewalt verbunden.

[7] Ebd., 2. Buch, Kap. XII, 450.

[8] Ebd., 2. Buch, Kap. VIII, 442. Auf der Seite 450 heißt es: So »ist es notwendig, daß sie gemeinsam gehen, der Soldat und der Priester.« Und auf der Seite 453: Es führe kein Weg daran vorbei, »das Evangelium auf eine neue Weise zu verkünden, umgeben von Soldaten und von allerlei Rüstung«.

So argumentieren manche Spanier: »Die Stimme des Evangeliums ist nur dort zu hören, wo die Indianer *auch* das Getöse der Feuerwaffen zu hören bekommen.«[9]

Doch darf man nicht übersehen, mit welch unvergleichlichem Engagement die Missionare allen Ureinwohnern, wo immer sie auf sie stießen, die christliche Botschaft brachten. Eine wahre Missionsmystik hatte die Iberische Halbinsel mit den besten Klerikern und Ordensleuten in ihrem Bann geschlagen. Tausende von ihnen kamen nicht einmal an ihr Ziel; Krankheit, Irrfahrt und Schiffbruch rafften sie noch auf dem Weg in die Mission dahin.

In der Mission versuchte man alle nur vorstellbaren Methoden, um die Urbevölkerung dem *Orbis christianorum* einzuverleiben.[10] Zunächst galt es, die Sprachen und Dialekte zu lernen und in die Kulturen einzutauchen. Einige Missionare, wie der Franziskaner Bernardino Sahagún in Mexiko, untersuchten mit geradezu wissenschaftlicher und ethnologischer Akribie die Mythen und Bräuche der (mexikanischen) Náhuatl-Kultur. Wo sie nur konnten, gründeten sie Schulen für die Kinder der Azteken-Eliten, wie etwa die berühmte Schule vom Heiligen Kreuz (Escuela de Santa Cruz) in Tlaltelolco. Binnen weniger Jahre beherrschten die jungen Eingeborenen sowohl die spanische als auch die lateinische Sprache wie jeder gebildete Europäer zur Zeit der Renaissance.

Sodann verfaßten einige Missionare Katechismen in Bild- oder Schriftform, welche die Lehre, in Geschichten gekleidet, in für die Urbevölkerung leicht verständlicher Aufmachung vermitteln sollten. Andere griffen zur Musik, wie José de Anchieta in Brasilien, wie die Franziskaner und Jesuiten in den Reduktionssiedlungen in Kalifornien und Paraguay oder wie Bartolomé de Las Casas, mit seinem Experiment friedlicher Evangelisierung, im guatemaltekischen »Vera Paz«. Nicht selten bediente man sich auch des Theaters und anderer Formen szenischer Darstellung. Ja, man ging noch einen Schritt weiter: In Hispaniola (heute: Dominikanische Republik und Haiti) wollte man ausge-

[9] Zitiert bei *Lewis Hanke* in dessen Einführung zu dem Buch von *Bartolomé de Las Casas*, Del único modo de atraer a todos los pueblos a la verdadera religión, Mexiko 1975, 59.

[10] Eine Analyse der verschiedenen Methoden bietet *P. Borges*, Métodos misionales (Anm. 1), 240–455.

wählte, begabte junge Eingeborene nach Spanien schicken, wo sie die europäische Kultur und die christliche Religion erlernen sollten; nach Hause zurückgekehrt, sollten sie dann alles ihren Brüdern und Schwestern in der Rasse weitergeben. Vor allem in Brasilien gaben die Jesuiten einen Katechismusunterricht speziell für Indianerkinder und erzogen sie in Internaten, um sie dann zu ihren Stämmen zurückzuschicken und sie dort die Eltern und ihre anderen Landsleute in der Lehre unterweisen zu sehen. Berühmt wurden die Siedlungen und Reduktionen, in denen man, inspiriert von der Utopie des Joachim von Fiore sowie vom utopischen Geist des Urchristentums und der Renaissance, eine neue Menschheit und ein wirklich kommunistisches Gemeinwesen schaffen wollte.

Ausschlaggebend war indes die an die Kolonisierung angebundene Evangelisierung, als ein einziger, zugleich kultureller und religiöser Prozeß. Geradezu in die Kolonisierung eingeschweißt, ging sie objektiv mit ungeheurer Gewalt einher, denn die Auseinandersetzung zwischen Europäern und Ureinwohnern war zutiefst ungleich. Dialog, verstanden als Aufeinander-Hinhören und Voneinander-Lernen, gab es in der Tat nicht. Direkt und ohne jede Beschönigung unterwarfen sich die Eindringlinge die Eingeborenen. Und da die Kolonisten, die hier eintrafen, Abenteurer waren, Ausschuß der iberischen Gesellschaft, Verbrecher die einen, Sträflinge die anderen, aber alle besessen vom Mythos des raschem Reichtums, gaben sie den größten Skandal und machten mit ihrem Beispiel zunichte, was die Missionare im Katechismusunterricht den Ureinwohnern beibrachten.

Hinzu kommt noch, daß der Konflikt mit den Invasoren die Kultur der Einheimischen gründlich zersetzte. Immer wieder beklagen sich die Missionare darüber, die Indianer behielten von der Katechese beinahe nichts. Denn wo hätten sie – ohne entsprechende Vermittlungen – im Bedeutungsrahmen ihrer Kulturen auch all die Lehrinhalte einordnen sollen? Das Christentum war ihnen sozusagen vom Himmel aus auf den Kopf gefallen und hatte sie entsprechend durcheinandergebracht und ratlos gemacht. So wird verständlich, weshalb viele Missionare die Eingeborenen nur noch unter der Bedingung evangelisieren wollten, daß sie von den Kolonisten getrennt würden, und zwar nicht nur, um sie vor deren Skandalen zu bewahren, sondern vor allem, um in homogener und konsequenter Form unmittelbar mit der Bevölkerung arbeiten zu können, »so wie es den politischen Sitten in Portugal und Spanien« entspreche. So die Forderung des Las Casas, als er auf dem Festland, an der Küste Venezuelas, eine (später jedoch gescheiterte) Mission eröffnen wollte, und so die ständigen Gesuche portugiesischer Missionare an den Hof in Lissabon.[11]

Die Lehre und die Anweisungen der Könige waren eindeutig: Die Evangelisierung solle friedlich und liebevoll erfolgen (so die Anordnung der Könige an Kolumbus, als dieser zu seiner zweiten Reise aufbrach). Doch wie sollte man sich in dem Fall verhalten, daß die Ureinwohner Widerstand leisteten oder einfach das Evangelium nicht annehmen oder die Oberhoheit der spanischen und portugiesischen Könige wie auch den Papst als Stellvertreter Gottes nicht anerkennen wollten?

Die Frage ließ eine gewaltige Literatur zum gerechten Krieg gegen die Urbevölkerung entstehen. Denn jedesmal, wenn sich die Indianer übermäßig kriegerisch zeigten oder sich weigerten, das Evangelium anzunehmen, stellte sich das Problem erneut. So sagt Gonzalo Fernández de Oviedo (in seiner berühmten »Historia General y Natural de las Indias, Islas y Tierra Firme del Mar Océano – Allgemeine und Natur-Geschichte der Westindischen Länder, der Inseln und des Festlandes am Ozeanischen Meer«): »Wer könnte daran zweifeln, daß das Pulver gegen die Ungläubigen für den Herrn Weihrauch ist?«[12]

Bekannt sind die häufigen Massaker an der Urbevölkerung. Bereits auf der zweiten Reise des Christoph Kolumbus ordneten die Missionare eine Strafe mit Feuer und Schwert gegen die Eingeborenen an, weil diese die Befestigungsanlage zerstört hatten, die der Admiral auf seiner ersten Reise hatte errichten lassen. Gewalt und Krankheit hatten schon zu Ende des 16. Jahrhunderts die gesamte Urbevölkerung von Santo Domingo ausgerottet. So sagen zwei Kolonisten der Zeit: »Es scheint, daß Gott, unserem Herrn, dadurch gedient wird, daß diese Menschen, die Indianer, wegen der Sünden ihrer Vorfahren oder wegen ihrer eigenen Sünden oder wegen irgendeines anderen verborgenen Grundes samt und sonders zugrunde gehen; diese Gebiete sol-

[11] Eine gute Untersuchung zu den verschiedenen Initiativen findet sich bei *L. Hanke*, Colonisation et conscience chrétienne au XVI siécle, Paris 1957, 100–119.

[12] Bd. 1, S. 139.

len in den Besitz Eurer Hoheit und Eurer Nachfolger übergehen und von Christen bevölkert werden«.[13]

Unbeschadet des Todesschicksals, zu dem die Eingeborenen bestimmt waren, zeigte die Krone moralische Skrupel. Sie war sich dessen bewußt, daß die Anwesenheit der Kolonisten die Lebensstrukturen der eingeborenen Bevölkerung gründlich zersetzte. Frucht dieser Herausforderung ist das berühmte *Requerimiento* (Ersuchen).[14] Dieses ist ein theologisch-juristisches Dokument, das den Ureinwohnern bei der ersten Fühlung mit den Spaniern offiziell (wenn möglich in Anwesenheit eines Notars) vorgelesen werden mußte und in dem ihre Unterwerfung gerechtfertigt und ihnen das Recht, evangelisiert zu werden, garantiert wurde.

1. Das Requirimiento: Werkzeug zur Unterdrückung der Ureinwohner

Das *Requirimiento,* 1514 von Juan López de Palacios Rubio geschrieben, beginnt mit einer geschichtlichen Darstellung der Erschaffung der Welt. Daran anschließend, schildert es das Entstehen des Papsttums als Vertretung Gottes auf Erden. Es endet damit, daß Papst Alexander VI. den Königen Spaniens »diese Inseln und dieses Festland« zur Schenkung macht. Das *Requirimiento* verlangt von den Ureinwohnern eine doppelte Zustimmung: Erstens fordert es sie auf, »die Kirche als Oberherrin der ganzen Welt und in ihrem Namen den Hohenpriester, Papst genannt, sowie an seiner Statt Seine Majestät als Herrn und König dieser Inseln und dieses Festlandes kraft der erwähnten Schenkung« anzuerkennen. Zweitens sollen sie sich damit einverstanden erklären, daß man sie die wahre Religion lehrt. Widrigenfalls würden sie mit Feuer und Schwert der Krone und der Kirche unterworfen.

[13] Zitiert bei *L. Hanke* in dessen Einführung zu *Las Casas,* Del único modo (Anm. 9), 28.

[14] Der Text des Requerimiento findet sich in deutscher Übersetzung in: *M. Delgado* (Hrsg.), Gott in Lateinamerika (I. Teil, Anm. 9) (Anm. d. Übs.). Vgl. dazu: *L. Hanke,* A aplicação do requerimento na América espanhola, in: Revista do Brasil, September 1938, 231–248; auch in: Colonisation et conscience chrétienne (Anm. 11), 29–39.

Ein Blick in den Text genügt, um zu sehen, wie hart das *Requirimiento* ist: »Mit Gottes Hilfe werden wir gewaltsam gegen euch vorgehen, euch überall und auf alle nur mögliche Art mit Krieg überziehen, euch unter das Joch und unter den Gehorsam der Kirche und Seiner Majestät beugen, eure Frauen und Kinder zu Sklaven machen, sie verkaufen und über sie nach dem Befehl Seiner Majestät verfügen. Wir werden euch euer Eigentum nehmen, euch schädigen und euch Übles antun, soviel wir nur können, und euch als Vasallen behandeln, die ihrem Herrn nicht gehorsam und ergeben, sondern widerspenstig und aufsässig sind. Wir bezeugen feierlich, daß das Blutvergießen und die Schäden, die daraus erwachsen, allein euch zur Last fallen, nicht Seiner Majestät, nicht mir und nicht diesen Rittern, die mit mir gekommen sind. Alles, was ich euch hier gesagt und gefordert habe, bitte ich den Notar schriftlich zu beurkunden, wie auch alle anderen hier Anwesenden es bezeugen mögen.« Mit Las Casas wissen wir nicht, ob man über solch einen Hochmut, der geradezu ans Lächerliche grenzt, lachen oder weinen soll. Der Anflug des Lächerlichen wird um so stärker, wenn man erfährt, daß das Dokument für den Fall, daß es den Ureinwohner nicht vorgelesen werden konnte, weil diese geflohen waren, hinter ihnen hergeschrien oder den Pflanzen oder den leerstehenden Hütten vorgelesen werden mußte. Dem Formalismus mußte Genüge getan werden, damit man sein schlechtes Gewissen, sich die Indianer unterworfen zu haben, beruhigen konnte.

2. Die Bulle des Papstes: Werkzeug zur Befreiung der Ureinwohner

Die Kolonisten waren dermaßen fest davon überzeugt, die Ureinwohner seien Tiere oder so etwas wie Tiere, daß der Dominikanermissionar Barnardino de Minava nach Rom reisen und Papst Paul III. 1537 die Bulle *Sublimis Deus* abringen mußte. Darin wird bekräftigt, die Indianer seien vernunftbegabte Wesen und ihr Leben wie ihr Hab und Gut seien zu achten.

Da *Sublimis Deus* das erste Dokument ist, das ein Papst an den lateinamerikanischen Erdteil richtet, sei es hier abgedruckt, und zwar in der Form, in der Las Casas es in seinem berühmten

Buch »De unico vocationis modo« zitiert.[15] Auf das Buch kommen wir im folgenden noch zurück.

»Paul, Bischof und Diener der Diener Gottes, allen Christgläubigen, die das vorliegende Schriftstück zu sehen bekommen, Heil und apostolischen Segen!

Der erhabene Gott hat das menschliche Geschlecht so sehr geliebt, daß er den Menschen dergestalt schuf, daß dieser nicht nur – wie die übrigen Geschöpfe – am Guten teilhaben, sondern auch zum höchsten unerreichbaren und unsichtbaren Gut gelangen und es von Angesicht zu Angesicht betrachten könnte.

Und da der Mensch geschaffen wurde, damit er in das ewige Leben und in die ewige Seligkeit eingehen könne, wie dies ja auch die Heilige Schrift bezeugt, und da niemand dieses ewige Leben und diese ewige Seligkeit ohne den Glauben an unseren Herrn Jesus Christus erreichen kann, müssen wir bekennen, daß der Mensch von solchem Wesen und von solcher Natur ist, daß er den Glauben Christi empfangen kann und daß alle, die die menschliche Natur haben, auch die Eignung haben, denselben Glauben zu empfangen. Denn es wäre doch abwegig, anzunehmen, jemand sei so töricht, daß er zwar glaubt, er könne ein Ziel erreichen, doch die dazu unbedingt notwendigen Mittel blieben ihm ganz und gar verwehrt.

Daraus ergibt sich, daß dieselbe Wahrheit, die weder sich noch andere täuschen kann, als sie die Glaubensprediger für das Amt der Predigt bestellte, den Auftrag gab: ›Geht und macht alle Völker zu Jüngern!‹ ›Alle‹, sagte sie, ohne Ausnahme, weil alle imstande sind, im Glauben unterwiesen zu werden.

Und als der Feind desselben menschlichen Geschlechtes, der sich stets allen guten Menschen widersetzt, um sie ins Verderben zu stürzen, das alles sah, stieg Neid in ihm auf, und er dachte sich eine bis dahin unerhörte Art und Weise aus, mittels deren er verhindern könne, daß den Völkern zu deren Heil das Wort Gottes verkündigt würde; also suchte er sich einige Gefolgsleute aus, die, auch ihrem Gelüst nachkommend, sich erdreisteten, allerorten zu behaupten, die westlichen und südlichen Indianer wie auch andere, von denen Wir in diesen Zeiten Kenntnis bekämen, müßten Unserem Dienst unterstellt werden, mit dem Vorwand, sie entbehrten wie vernunftlose Tiere des katholischen

[15] Op. cit., 15.

Glaubens. Und sie versklaven sie tatsächlich und unterdrücken sie mit solchen Arbeitslasten, wie andere vernunftlose Tiere unterdrücken, die sie zu ihren Diensten haben.

Wir, die Wir – wenn auch unverdientermaßen – an Unseres Herrn Stelle stehen, bemühen Uns also mit aller Kraft, die Uns anvertrauten Schafe seiner Herde, die sich außerhalb der Hürde aufhalten, anzuziehen. In Anbetracht der Tatsache, daß dieselben Indianer als wirkliche Menschen nicht nur imstande sind, den christlichen Glauben zu empfangen, sondern daß sie sich auch, wie Wir erfahren haben, nachgerade hurtig demselben Glauben zuwenden, möchten Wir in diese Frage mit geeigneten Mitteln eingreifen. Deshalb bestimmen und erklären Wir vermittels dieses Briefes mit Unserer apostolischen Autorität, daß die genannten Indianer und alle übrigen Völker, die zukünftig den Christen bekannt werden, auch wenn sie außerhalb des Glaubens an Jesus Christus sind, nicht ihrer Freiheit oder der Herrschaft über ihre Güter beraubt werden dürfen und, mehr noch, daß sie aus freien Stücken und erlaubterweise von ihrer Freiheit und ihrem Besitz Gebrauch machen und daß sie sie besitzen und genießen können. Noch dürfen sie zu Sklaven gemacht werden. Alles, was – wann auch immer – im Gegensatz hierzu getan wird, ist unerlaubt, nichtig und ungültig. Dieselben Indianer und übrigen Völker sollen dazu eingeladen werden, den genannten Glauben an Christus dank der Predigt des Wortes Gottes und dank dem Beispiel eines guten Lebens anzunehmen. Den Abschriften des vorliegenden Briefes, versehen mit der Unterschrift eines öffentlichen Notars und beglaubigt mit dem Siegel einer in die kirchliche Würde eingesetzten Person, ist derselbe Glaube zu schenken wie der Urschrift, unbeschadet früherer oder jedweder gegenteiligen Anordnungen. Gegeben zu Rom in der St.-Peters-Basilika im Jahre 1537 der Menschwerdung des Herrn, am 2. Juni, und im dritten Jahre Unseres Pontifikats.«

Das Dokument ist eindeutig. Um die Ureinwohner als Menschen wie als freie und mit dem Recht auf den Besitz ihrer Güter ausgestattete Personen zu verteidigen, hätte Paul III. nicht klarer sein können. Bemerkenswert, daß die erste für Lateinamerika bestimmte offizielle Verlautbarung des kirchlichen Lehramtes klar in eine befreiende Richtung zielt. Hier schon wurzelt eine Tradition, die mit der Option der Kirche für die Armen und mit der Theologie der Befreiung heute zu ihrem Höhepunkt gefunden hat. Bedauerlich nur, daß sich weder unsere Ortskirchen noch das Lehramt ausführlicher auf diesen geradezu kristallklaren Text beziehen, dem – inmitten der Komplizenschaft der iberischen Kirche mit den Konquistadoren – das Einstehen Papst Pauls III. im Sinne des Evangeliums für die Unterdrückten zu entnehmen ist.

II. »Land des Wahren Friedens«: Die friedliche Evangelisierung des Las Casas

Bevor Bartolomé de Las Casas (1484–1566) Dominikaner, Bischof von Chiapas und großer Verteidiger der Urbevölkerung wurde, war er selbst in Hispaniola (heute Dominikanische Republik) Besitzer einer Kommende mit zahlreichen Sklaven gewesen.[16] 1502 kommt Las Casas nach Hispaniola. Dort hört er 1510 Fray Pedro de Córdoba seine berühmte Predigt über die Lage der Ureinwohner halten. Die Predigt legt in ihm das Samenkorn zu seiner Bekehrung. Vier Jahre später verzichtet er auf die Kommende und entwickelt sich fortan zu einem großen Verteidiger der einheimischen Bevölkerung. Gemeinsam mit einigen aufrichtigen spanischen Kolonisten versucht er 1519 bis 1520 an der Küste Venezuelas, friedlich mit den Ureinwohnern zusammenzuleben, um sie so in den Glauben und in die hispanische Kultur einzuführen. Doch das Experiment scheitert, weil andere Spanier darauf aus sind, die Menschen zu versklaven. Diese rebellieren, bringen eine Reihe von Missionaren um und zwingen die anderen zur Flucht. Also zieht sich Las Casas 1521 in das Dominikanerkloster von Santo Domingo zurück. Dort tritt er in den Predigerorden ein und widmet sich acht Jahre der Betrachtung und dem Studium. Von 1529 bis 1534 bereist er Mexiko, Honduras, Nikaragua und andere Missionsgebiete der Karibik, immer in der Sorge um die Situation der Ureinwohner. Seine berühmten Bücher »Brevísima relación de la destrucción des las Indias occidentales – Kurzgefaßter Bericht über die Verwüstung

[16] An Literatur zu Bartolomé de Las Casas mangelt es nicht. Hier seien nur einige relativ leicht greifbare Titel genannt: *E. Dussel*, Bartolomeu de Las Casas no quinto centenário de seu nascimento, in: Caminhos de libertação II, São Paulo 1985, 135–155; *J. Meier*, Zeugen einer befreienden Kirche – Bartolomé de Las Casas, Leutersdorf 1988; *G. Gutiérrez*, Gott oder das Gold. Der befreiende Weg des Bartolomé de Las Casas, Freiburg–Basel–Wien 1990; *M. Neumann*, Las Casas. Die unglaubliche Geschichte von der Entdeckung der Neuen Welt, Freiburg–Basel–Wien 1990; *Th. Eggensperger/U. Engel*, Bartolomé de Las Casas. Dominikaner–Bischof–Verteidiger der Indios, Mainz 1991; *H. Goldstein*, Bartolomé de Las Casas – oder: die Theologie der Befreiung wurde schon im 16. Jahrhundert geboren, in: Theologie der Gegenwart 3/1991.

der Westindischen Länder«[17] und »Historia de las Indias – Geschichte Westindiens« belegen, mit welcher Gewalt und Grausamkeit die einheimische Bevölkerung behandelt und zum Teil auch vernichtet wird.

Im Jahre 1536 beginnt er einen wahren Traktat über die Methode der Mission: »Del único modo de atraer a todos los pueblos a la verdadera religión – Von der einzigen Weise, alle Völker zur wahren Religion zu führen«. Das Buch, das in elegantem Latein geschrieben (und auch unter dem Titel »De unico vocations modo« bekannt) ist, steckt voller Zitate aus den Kirchenvätern.[18]

Die Grundthese des Dominikaners lautet: »Die göttliche Vorsehung hat für alle Welt und für alle Zeiten eine einzige und alleinige Weise festgesetzt, die Menschen die wahre Religion zu lehren, nämlich die Überzeugung des Verstandes mit Hilfe von Gründen und die Einladung und sanfte Bewegung des Willens. Ohne Zweifel handelt es sich dabei um eine Form, die allen Menschen auf der Erde gemein sein muß, unabhängig von den verschiedenen Sekten oder von den Irrtümern oder der Verderbtheit der Sitten... Die göttliche Weisheit, die nur eine Form kennt, lenkt und bewegt fein, einfühlsam und sanft alle geschaffenen Wesen, daß sie ihre Taten vollbringen und ihre natürlichen Ziele anstreben... Folglich muß auch die Form, den Menschen die wahre Lehre beizubringen, fein, einfühlsam und sanft sein.«[19]

Als Konkretion dieser Methode stellt Las Casas eine Reihe von Prinzipien auf, die einen wirklich friedlichen Charakter der Mission gewährleisten sollen. Fünf Punkte seien genannt:

Zunächst müssen die Hörenden spüren, daß die Missionare sie nicht unter ihre Gewalt bringen wollen;

sodann müssen sie sich davon überzeugen, daß es den Predigern nicht um das Streben nach Reichtum geht;

drittens müssen die Missionare, wenn sie zu ihren Hörenden und insbesondere zu den Ungläubigen sprechen, so einfühlsam

[17] *B. de Las Casas*, Bericht von der Verwüstung der Westindischen Länder, hrsg. von H.M. Enzensberger, Frankfurt 1966 bzw. 1981.

[18] Zitiert und ins Deutsche übersetzt nach der in Anm. 9 genannten Ausgabe. Siehe auch die bemerkenswerte Einführung von *Lewis Hanke* zu Las Casas' Buch, in der die Geschichte des Experiments der friedlichen Evangelisierung von »Vera Paz« geschildert wird (Anm. 9), 21–60.

[19] Del único modo, 5. Buch, § 1, S. 65–66; vgl. 67.

und bescheiden, so freundlich und sanft, so liebenswürdig und wohlwollend sein, daß sie in ihnen den Willen wecken, ihnen mit Vergnügen zuzuhören und ihrer Lehre mit der größten Hochachtung zu begegnen;

viertens müssen die Prediger dieselbe Liebe bzw. Nächstenliebe zu allen in sich spüren, die Paulus in sich spürte und die ihn zu den bekannten außerordentlichen Werken trieb;

schließlich müssen die Missionare ein so vorbildliches Leben führen, daß keiner mehr an der Heiligkeit und Rechtlichkeit ihrer Predigt zweifeln kann.

Für alle diese Punkte bringt Las Casas eine beeindruckende Fülle an Argumenten, die er aus der Schrift, der Überlieferung und der Praxis der Kirche zur Zeit der Evangelisierung Spaniens und Englands nimmt.

Bartolomé de Las Casas gibt sich mit seiner Theorie, die bis auf den heutigen Tag grundlegend ist, nicht zufrieden, sondern wendet sie auch an. In Guatemala benennt er das wegen der Grausamkeit der Ureinwohner und wegen der Menge der wilden Tiere dort sogenannte »Kriegsland« *(Tierra de Guerra)* in »Land des Wahren Friedens« *(Tierra de Vera Paz)* um. Dreizehn Jahre, von 1537 bis 1550, läuft dort ein Experiment zur Evangelisierung, das ohne Zweifel zu den originellsten in der Geschichte des Christentums in Lateinamerika gehört. Mit der notwendigen Erlaubnis beginnen Las Casas und seine drei dominikanischen Mitbrüder die Vorbereitungen: mehrere Tage Fasten und Exerzitien. Dann verfassen sie verschiedene Geschichten (sogenannte Romane), in denen sie die Inhalte des christlichen Glaubens in Versform erzählen. Sie vertonen die Materialien und lassen vier christliche Ureinwohner, die in der unwirtlichen Gegend als Händler herumkommen, sie auswendig lernen. Die Männer steigen ins Gebirge. Dort beginnen sie die Musik mit den Inhalten, die sie auswendig gelernt haben, zu singen und auf ihren einheimischen Instrumenten zu begleiten. Schon nach acht Tagen haben sie riesigen Erfolg, auch wenn die Lehre besagt, die alten Götter seien Götzen und die Opfer, die man bisher dargebracht habe, seien schlecht. Als die Ureinwohner mehr wissen wollen, weisen die vier Händler sie darauf hin, allein die Dominikanerpatres, die tugendhafte und friedliche Menschen seien, vermöchten sie zu unterweisen. Die vier treten den Heimweg an, mit einer Einladung des Häuptlings im Gepäck, die Dominikaner sollten sie in ihrem Land besuchen, während ein Emissiär, der mit ihnen gekommen ist, heimlich Ausschau halten soll, ob die Patres tatsächlich tugendhafte und friedliebende Leute sind.

Im Gegenzug schickt Las Casas einen Missionar, der mit großer Festlichkeit empfangen wird. Sofort geht es an den Bau einer Kirche. Die Predigt veranlaßt die Indianer, ihre Tempel niederzureißen und ihre »Götzen« zu verbrennen. In dem Maße, in dem sich Erfolg einstellt, treffen weitere Dominikaner ein, unter ihnen Las Casas selbst. Etliche Jahre setzen sie sich dafür ein, daß die friedliche Mission auf feste Beine kommt. Dank diesem Modell und dank seiner Rhetorik gelingt es Las Casas, insbesondere seit 1540, den König zu bewegen, zahlreiche Dekrete zugunsten der Urbevölkerung zu erlassen. Trotzdem versuchen die Kolonisten in Guatemala, die Dominikaner zu diffamieren und die Fortführung des Experiments zu vereiteln.

1544 wird Las Casas zum Bischof von Chiapas ernannt. Seine Diözese umfaßt auch das »Land des Wahren Friedens«. Um dem ständigen Druck der Kolonisten entgegenzutreten, beginnt er, die dreistesten Kolonisten zu exkommunizieren, weil sie in die Gebiete der Einheimischen einfallen und sich die Bewohner unterwerfen wollen. Sechsundsechzigjährig verzichtet Fray Bartolomé, durch die andauernden Kämpfe ermüdet und verbittert, 1550 auf seinen Bischofssitz.

Das Ende des Experiments ist tragisch, wie einem Brief der überlebenden Dominikaner vom 14. Mai 1556 an den »Westindien-Rat« zu entnehmen ist.[20] Allen Schwierigkeiten zum Trotz hatten die Dominikanermissionare mit ganzer Kraft daran gearbeitet, »Götzenbilder zu zerstören. Tempel in Brand zu stecken, Kirchen zu bauen und Seelen zu gewinnen«. Doch einheimische Priester hatten gemeinsam mit anderen, die sich nicht hatten bekehren lassen, eine Rebellion in Gang gesetzt. Die Missionare wurden vertrieben, zwei wurden in der Kirche ermordet, einer wurde vor einem »Götzenbild« umgebracht, und dreißig christliche Indianer fielen, von Pfeilen durchbohrt. Als die Missionare die Spanier um Hilfe ersuchten, weigerten sich diese, mit der vorgeschobenen Begründung, sie dürften ja nicht die Gebiete der Einheimischen betreten. Später schickte der spanische Kö-

[20] Siehe in der Einführung von *Lewis Hanke* (Anm. 9), 52–53.

nig dann eine Strafexpedition, die die Ureinwohner befrieden sollte. So also nahm der Versuch einer friedlichen Evangelisierung ein tragisches Ende.

Bei einem kritischen Rückblick auf die dem »Land des Wahren Friedens« zugrunde liegende vermeintlich friedliche Strategie stellt sich einem die Frage, wo sie denn ihre Achillesferse gehabt habe. In Wirklichkeit war die Methode gar nicht friedlich genug. In ihrem Kern steckte nämlich eine gehörige Portion Gewalt. Natürlich ging es dabei nicht um physische Gewalt, wohl aber um eine Art von Gewalt, die nicht minder zerstörerisch wirkt, um symbolische Gewalt: Die Religion der Einheimischen wurde verkannt, ihre religiöse Vorstellungswelt hatte keinen Wert, die »Götzenbilder« mußten mit Feuer und Schwert vernichtet werden, und die Priester und Medizinmänner wurden verfolgt.[21] Nun bildet aber, bekanntlich und wie wir bereits gesagt haben, die Religion, anthropologisch gesehen, das Kernstück der Kultur und ist ihre Seele und ihr tiefster Sinn. Dieses Kernstück zerstören heißt: einem Gemeinwesen bzw. einem Volk den Kopf abschlagen, ihm das den Körper tragende Knochengerüst herausreißen und es zum kulturellen Tod verurteilen. Dies aber geschah in Lateinamerika in tragischer Weise mit den Zeugen-Kulturen ebenso wie mit den schwarzen Völkern, die man aus Afrika hierher transportierte.

Auf der Grundlage solcher symbolischen Gewalt (die aus der Enge der zeitgenössischen christlichen Dogmatik resultierte) wurde Lateinamerika ein Christentum ohne kulturelle Wurzeln eingepflanzt. Dieses aber ist Bestandteil jenes Projektes, in dem die Urbevölkerung der iberischen Totalität und der einen Identität der europäischen Einheitschristenheit einverleibt werden sollte. Die historische Chance, hier in den Tropen ein kulturell anderes Christentum als im westlichen Europa entstehen zu lassen, wurde vertan.

[21] Vor allem in Mexiko entfalteten die Missionare eine gewaltige Zerstörungswut gegen Tempel und Götterbilder. In einem Brief vom 12. Juni 1531 an Kaiser Karl V., berichtet der Bischof der Stadt Mexiko, Juan de Zumárraga, mehr als fünfhundert Tempel und zwanzigtausend Götzenbilder seien vernichtet worden; andererseits wurde alles, was nicht die Religion berührte, liebevoll bewahrt, wie Sprachen, Sitten, Bräuche des täglichen Lebens und profane Monumente. Vgl. dazu Einzelheiten bei: *R. Ricard*, La conquista espiritual de México (Anm. 1), 96–108; *J. Specker*, Die Missionsmethode in Spanisch-Amerika (Anm. 1), 116–135.

III. Die befreiende Methode der dunkelhäutigen Mutter Gottes

Die Vorbedingungen für ein befreiendes und typisch lateinamerikanisches Christentum, als Frucht einer neuen Evangelisierung ebenso wie der Begegnung mit den verschiedenen hier bestehenden Kulturen, waren noch im 16. Jahrhundert gegeben. Der präzise Augenblick war der Moment, in dem sich die spanische Kolonisierung verfestigte und die einheimische Bevölkerung schon das Verlangen nach Leben und Freiheit verspürte. Wir denken an die dunkelhäutige Mutter Gottes von Guadalupe, die auch noch heute im Mittelpunkt des religiösen und popularen Interesse der lateinamerikanischen Völker steht. Die kritischen Aspekte des vermutlichen Ereignisses der Erscheinung Marias vor einem Náhuatl-Eingeborenen lassen wir hier außer Betracht. Wir nehmen das Faktum, so wie die Marienverehrer und -verehrerinnen es gewahren und wie die offizielle Kirche es akzeptiert. Vor allem jedoch interessiert uns die Methode, die aus dem Glaubensereignis erhellt. Diesem liegt nämlich eine befreiende Vorgehensweise zugrunde, welche alle inneren und äußeren Elemente der Erscheinung prägt.

1. Der Dialog, der zwischen Evangelium und einheimischer Religion fehlte

Um zu verstehen, worin das Neue an der Evangelisierungsmethode Unserer Lieben Frau von Guadalupe besteht, müssen wir einen Blick werfen auf die Situation gesellschaftlicher und geschichtlicher Auflösung, in die die Zivilisation der Azteken unter der Herrschaft der Spanier geraten war. Einige Daten dazu: Als am 22. April 1519 Hernán Cortes an der Spitze von sechshundert Soldaten, sechzehn Pferden und ein paar Artilleriekanonen an der Küste Mexikos landet, beginnt der lange Karfreitag von Todeskampf und Sterben der mexikanischen Kultur. Nach einer langen Belagerung fällt am 13. August 1521 Tenochtitlan, die Hauptstadt der Azteken. Schätzungen zufolge sind 240 000 Krieger umgekommen.

Der unbekannte Autor von Tlaltelolco (der seinen Bericht um 1528 auf náhuatl schreibt) schildert das grausige Bild wie folgt: »Auf den Wegen liegen zerbrochene Speere, die Haare sind zerzaust, abgedeckt die Häuser, in Flammen stehen ihre Mauern. Würmer überall auf Straßen und Plätzen, und die Wände sind bespritzt mit zerschlagenen Hirnen... Gras voll von Salpeter haben wir gekaut, Lehmklumpen, Eidechsen, Mäuse, staubige Erde und überdies Würmer.«[22] Der religiösen Vorstellung der Azteken zufolge betrifft die Niederlage auch die Gottheiten, die für die Indianer stets männlich und weiblich sind. Ein trauriges Lied aus dem Jahre 1523 gibt zu: »Weint, meine Freunde; begreift, daß wir mit diesen Ereignissen die mexikanische Nation verloren haben. Das Wasser ist sauer geworden, und sauer geworden ist das Essen. Das hat der Spender des Lebens in Tlaltelolco gemacht.«[23]

In der berühmten Unterredung der zwölf Apostel (das heißt der ersten 1524 nach Mexiko gekommenen zwölf Franziskanermissionare) mit den Weisen der Azteken im Jahre 1525 heißt es eindeutig: »Wie weit muß es denn noch kommen? Wir sind einfache Leute, vergänglich und sterblich, laßt uns also sterben, laßt uns zugrunde gehen, weil unsere Götter ja auch schon tot sind.«[24] Dies also ist die Situation: Agonie, Verzweiflung und Dahinsterben der aztekischen Nation.

Da erscheint am 9. Dezember 1531 (zehn Jahre nach der Niederwerfung Moctezumas) Unsere Liebe Frau auf dem Berg Tepeyac, am Rande der Hauptstadt, wo *Tonantzin*, die »ehrwürdige Mutter«, verehrt worden war. Sie erscheint Juan Diego, einem Azteken, der Katechismusschüler in Tlatelolco ist. Wir brauchen hier nicht alle Einzelheiten der Erscheinung, der Botschaft der Mutter Gottes an Bischof Juan de Zumárraga oder des Baus der Marienkirche in Tepeyac zu beschreiben. Wir möchten nur einige Elemente herausgreifen, die für unser Thema: die Evangelisierung als Methode der Begegnung zwischen Kultur und Evangelium, von Interesse sind.

[22] In: *M. León-Portilla*, Visión de los Vencidos. Relaciones indígenas de la Conquista, Mexiko 1989, 154, 166.

[23] Ebd., 165.

[24] In: *M. Delgado* (Hrsg.), Gott in Lateinamerika (I. Teil, Anm. 9).

Zunächst einmal hat Maria bei der Erscheinung das Gesicht einer Mestizin. Offensichtlich soll dadurch die Begegnung zwischen Spaniern und Ureinwohnern versinnbildet werden. Trotzdem liegt der Akzent auf dem Beitrag der Urbevölkerung; erscheint Maria doch einem Eingeborenen und bedient sich der Symbole seiner Kultur.[25]

Sodann: Sie spricht nicht spanisch, sondern náhuatl, das Idiom der Azteken. Auch was die Gottesbezeichnung anbelangt, bedient sie sich der Begriffe der Azteken: »Ich bin die Mutter des wahrsten Gottes, durch den alles lebt, des Schöpfers der Menschen, des Herrn des Nahen und des Unmittelbaren, des Herrn des Himmels und der Erde.« Bei ihren Erscheinungen verbinden sich Männliches (Sonne) und Weibliches (Mond und Sterne), wie es die Azteken taten, für welche die Gottheiten ja immer männlich und weiblich waren. Inzwischen ist nachgewiesen, daß der Ausdruck »Mutter Gottes« oder »Unsere Mutter« in der alten aztekischen Religion den weiblichen Aspekt der Gottheit, Gott mit mütterlichem Antlitz zum Ausdruck bringt. In der Tat steht die Jungfrau-Mutter von Guadalupe bei ihren Erscheinungen vor der Sonne, deren Strahlen sie von allen Seiten umgeben. Zu ihren Füßen liegt der Mond. Die Sterne auf ihrem Mantel entsprechen einigen zufolge dem Sternenhimmel der Tage, an denen sie auf dem Tepeyac-Hügel erschien. Sonne und Mond waren die großen Gottheiten der Azteken. Maria vereint beides in sich. Ihr Kleid hat die Farbe Huitzilopochtlis, des höchsten Gottes, des Gottes des Lebens. Blaßrot ist ihr Kleid, wie auch der Osten rötlich ist, in dem er jeden Morgen nach den tödlichen Gefahren der Nacht siegreich geboren wird. Juan Diego versteht die Farbe sogleich als Farbe des Blutes, das die Azteken jeden Tag aufs neue zum Opfer darbringen, um so die Sonne am Leben zu halten, damit sie allen lebenden Wesen Leben spendet. Die Blüten, die das Kleid schmücken, sind von den Blumen des Tepeyac-Hügels, auf dem die Muttergöttin verehrt wird. Der Mantel ist blau-grün, wobei Blau die Farbe der Himmelsgottheit und Grün die der Gottheit der Erde samt ihrer

[25] In Puebla heißt es: »Das Evangelium, das in unseren Völkern Fleisch angenommen hat, macht diese zu einer einzigartigen historischen und kulturellen Größe, die wir Lateinamerika nennen. Strahlendes Sinnbild dieses Soseins sind die Mestizenzüge im Antlitz der Mutter Gottes von Guadalupe, die uns schon zu Beginn der Evangelisierung entgegentritt« (Nr. 446).

Fruchtbarkeit ist. Nur der König und die Gottheit dürfen bei den Azteken die beiden Farben zusammen tragen. Maria ist schwanger – und zeigt die Symbole, welche Aztekenfrauen über dem Bauch tragen: zwei schwarze herabfallende Bänder. Darunter ein kleines Kreuz der Azteken *(quincunce)*, das für diese den Schnittpunkt des Weges der Menschen mit dem der Götter bedeutet. Es sieht aus wie eine Rose mit vier Blütenblättern (Weg der Menschen), die durch einen inneren Kreis (Weg der Götter) zusammengehalten werden. Das kleine Kreuz, welches das Grundsymbol der aztekischen Kultur ist, ruht auf Marias Leib, als wollte es sagen: Was Maria in ihrem Schoß trägt und zur Welt bringen wird, ist die Begegnung zwischen Gott und den Menschen: Jesus. Andererseits ist an Marias Hals, mitten auf dem Kragen des Gewandes, das christliche Kreuz zu erkennen. Hier könnte die Botschaft lauten: Ganz in die Kultur der Azteken eingegangen, bleibt sie gleichwohl die Mutter des Sohnes, der am Kreuz starb, um uns zu befreien. Der Engel mit den typischen Flügeln eines Vogels aus den mexikanischen Tropen *(tzinitzcan)* trägt die jungfräuliche Mutter und soll die göttliche Herkunft der Erscheinenden bedeuten. Darüber hinaus wird nach dem Kalender der Azteken (vgl. den berühmten Sonnenstein) jede wichtige Epoche durch ein himmlisches Wesen eröffnet. So steht Maria für die neue Heilszeit, dank Jesus und dem Geist, der Jesus aus dem Schoß Marias geboren werden läßt. Hier trägt sie beide: den ewigen Sohn, der sich in ihrem Schoß befindet, und den Geist, der ihm durch Maria eine menschliche Existenz schafft.

2. Vom Zentrum an die Peripherie

Wem erscheint Maria? Weder einem Spanier noch einem Vertreter der institutionellen Kirche, sondern einem an den Rand gedrängten Ureinwohner. Gleich zu Beginn ihrer Begegnung mit Juan Diego sagt sie ihm: »Juanito, mein Sohn, man müßte dich mit größter Hochachtung behandeln, statt dessen schieben sie dich beiseite. Wohin bist du unterwegs?« Die Eroberer traten den Azteken gegenüber mit äußerster Härte auf. Juan Diego hatte das negative Bild, das sich die Spanier von den Eingeborenen gebildet hatten, verinnerlicht. So sieht er sich als »armen, kleinen Indianer«, als dummen Bauern, als verachtenswerten Tölpel, als verdorrtes Blatt am Baum (»soy mecapal, soy parihuela, soy cola, soy ala, un indito«). Anders als im aristokratischen und feudalen Christentum Europas, wo Maria *Notre Dame, Nuestra Señora, Nossa Senhora* usf. heißt, will sie in Lateinamerika *Niña* (Mädchen) genannt werden – oder: *Virgencita* (kleine, liebe Jungfrau), *Muchachita* (liebenswürdige Bezeichnung für: kleines Mädchen), *Hija mía menor* (meine kleine Tochter), *Señora* (Herrin, aber auch: Hausfrau, Amme...), *Madrecita* (Mütterchen) oder *la madre compasiva del pueblo* (Mutter voller Mitleid mit dem Volk). Sie schlüpft in die gefühlsmäßige und sprachliche Welt des Volkes und der Armen; hat sie doch eine Option für die verarmte und entwürdigte Urbevölkerung getroffen, und ist sie doch an der Peripherie und nicht im Zentrum zu Hause.[26] Maria spricht nicht aus dem Palast von Bischof Zumárraga heraus, der immerhin aus Materialien zertrümmerter Pyramiden gebaut wurde; Maria spricht an einer namenlosen Stelle am Rande der Gesellschaft: Tepeyac. Sie sucht sich Juan Diego aus, den sie liebevoll *Juanito* (kleinen Johannes), *Dieguito* (kleinen Jakob) oder *pobre indito* (armen, kleinen Indianer) nennt. Der Eingeborene, den sich die Eroberer unterworfen haben, soll den Bischof im Zentrum evangelisieren. Juan geht, aber wendet keine Gewalt an, wie es die Spanier gegenüber den Azteken getan haben. Sein Mittel ist das Wort der Überzeugung und sind schließlich Blumen, die er in seinem Poncho mitbringt und dem Bischof zu Füßen legt.

Der evangelisatorische Auftrag Juan Diegos erinnert an das, was die Bischofsversammlung von Puebla (1979) zum »evangelisatorischen Potential der Armen« sagt (Nr. 1147). Die Botschaft Marias an den Bischof setzt die Verlagerung des Zentrums an die Peripherie voraus; ausgerechnet in Tepeyac soll nämlich ein Gotteshaus errichtet werden, und dort will die Mutter Gottes »den Leuten Gott zu erkennen geben, mit meiner ganzen persönlichen Liebe, mit meinem mitleidsvollen Blick, mit meiner Hilfe und meiner rettenden Hand; denn ich bin in der Tat eure barmherzige Mutter«. Maria sagt auch, was ihr Auftrag gegenüber den Armen ist: »Hier will ich eure Klagen anhören und

[26] Vgl. *E. Hoornaert*, A evangelização segundo a tradição guadalupana, in: REB 34 (1974) 524–545; *Cl. Siller*, El método de la evangelización en la Nican Mopohua, Mexiko 1986.

euch entgegenkommen, um für eure Leiden und Schmerzen Abhilfe zu schaffen.« Die Erscheinung Marias, verbunden mit der Tatsache, daß sie über Juan Diego dem Bischof der Unterdrükker einen Auftrag erteilt, den dieser ausführen soll, offenbart einen neuen Sinn von Evangelisierung. Hier geht es nicht mehr um institutionelle Evangelisierung von seiten derer, die über die Indianer Macht haben, noch um Evangelisierung für die Indianer. Hier geht es um eine Evangelisierung aus der Kompetenz der Armen, die aber offen ist für alle.

Vom Standort der Macht aus gesehen, sind die Ureinwohner unwissend und träge. Auf der Schiene der Evangelisierung sollen ihnen Inhalte vermittelt werden; sie sind Objekte in der Hand anderer, ein Echo dessen, was andere sagen. Aus diesem Grund müssen sie dazu gebracht werden, christlich zu handeln und christlich zu leben. Dagegen schließt eine Evangelisierung, die vom armen Volk ausgeht, alle ein, wie Maria von Guadalupe deutlich macht. Sowohl Juan Diego als auch Bischof Zumárraga haben sich der Botschaft der Jungfrau zu stellen, einen Ortswechsel zu vollziehen und ihr Augenmerk den Armen zuzuwenden, die Maria trösten will. Eine solche Evangelisierung ist keine Expansion des ekklesiastischen Systems mehr, sondern schafft um die Botschaft herum Gemeinschaften und Gemeinden.

Maria ruft alle auf, das Zentrum in Tenochtitlan-Tlatelolco zu verlassen und sich an die Peripherie in Tepeyac zu begeben. Unterwegs haben die einzelnen wie die Institutionen die Möglichkeit, eine abrahamitische Erfahrung zu machen und sich evangelisieren zu lassen, indem sie mit den Armen zusammenleben und eine Frohe Botschaft von Leben und Heil für sie entwickeln. Interessant dabei ist die Gestalt des Onkels des Juan Diego, mit Namen Juan Bernardino. Dieser ist krank und vom Tode gezeichnet. Die Jungfrau von Guadalupe heilt ihn. Bekanntlich stellt in der Kultur der Azteken der Onkel eine hochgeachtete Gestalt dar. Sein Erbe fällt nicht an die Kinder, sondern an die Neffen. Der Onkel versinnbildet die Nation. Wenn also der Onkel krank darniederliegt, dann ist es um die ganze aztekische Nation nicht gut bestellt. Doch mit Hilfe der Mutter Gottes von Guadalupe kommt er wieder auf die Beine. Gemeint ist mithin, daß Maria der einheimischen Kultur die Frohe Botschaft, das Evangelium der Befreiung der Urbevölkerung bringt.

Azteken verstehen sofort, was mit der Jungfrau und Mutter, mit den Symbolen und mit so wichtigen Gestalten wie Juan Diego und Onkel Juan Bernardino gesagt werden soll. In Massen bekehren sie sich. Die Hoffnungen des Volkes stehen wieder auf. Die Gottheiten sind nicht tot. In der Gestalt der jungfräulichen Mutter von Tepeyac sind jetzt Rettung, Widerstandskraft und Mut zur Befreiung da.

Wir dürfen den Schluß ziehen: Die lateinamerikanische Kirche muß erst noch die Lektion von Guadalupe lernen. Mit einer rein pietistischen und ekklesiastischen Interpretation kommt sie nicht weiter. Alle Aspekte gilt es zu berücksichtigen. Die Lektion, die die Kirche zu ziehen hat, lautet: Man kann ganz Azteke und zugleich ganz Christ sein. Maria zeigt es ja. Nun kommt es darauf an, Guadalupe methodisch-kreativ weiterzuführen. Nur so werden wir zu einer Evangelisierung kommen, die unter dem Zeichen der Befreiung steht und die uns auf unserem Erdteil eine amerindianische Kirche wird bringen können.

Schluß

Gemeinsam eine Kultur des Lebens und der Freiheit schaffen

Zum Abschluß unserer Überlegungen zum Verhältnis zwischen Evangelisierung und Kulturen wie auch zur wesentlichen Methodologie der Evangelisierung möchten wir nun die Hauptpunkte in einigen Thesen zusammenfassen.

1. Puebla zeigt uns den Weg einer authentischen Evangelisierung heute. Wir zitieren noch einmal die Nr. 85: »Die Kirche ist sich allmählich immer klarer und gründlicher dessen bewußt geworden, daß Evangelisierung ihr *fundamentaler Auftrag* ist und daß sie diesem nicht nachkommen kann, wenn sie sich nicht unentwegt bemüht, die *Wirklichkeit* zu erkennen und die christliche *Botschaft* in dynamischer, gewinnender und überzeugender Weise den Menschen von heute anzupassen.« Was hier festgestellt wird, ist folgendes: Die Frohe Botschaft erwächst aus der Begegnung zwischen Realität und christlicher Botschaft. Also ist es nicht damit getan, die Botschaft, so wie sie früher in der Geschichte kodifiziert worden ist, zu verbreiten. Solch ein Vorgehen mag die Rechtgläubigkeit der Glaubenssätze gewährleisten, nicht aber deren Charakter als frohmachende Nachricht, die den Menschen eine effektive Hilfe ist. Dieser hängt nämlich auch an der Wirklichkeit, die es hinsichtlich ihrer Suchbewegungen, Widersprüche und Errungenschaften je neu zu analysieren und an der Utopie Jesu zu messen gilt. Nun ist aber die historische und soziale Realität unserer lateinamerikanischen Völker durch gewaltige Hoffnungen charakterisiert, die aus einem Meer von Unterdrückung aufsteigen. Unterdrückte Kulturen, gedemütigte Rassen, ausgebeutete Klassen und marginalisierte Peripherien zeigen den Riß an, der durch das ganze gesellschaftliche Gewebe geht. Dabei kann auch niemandem verborgen bleiben, daß die Unterdrückten mobil werden, sich auf tausendfache Weise ihre Lage bewußtmachen, sich organisieren, in den Widerstand gehen und versuchen, ihrer Freiheit einen Schritt näher zu kommen. Angesichts dieser Anti-Realität unterdrückter Kulturen bleibt den Kirchen keine andere Wahl, soll sie denn im Sinne

des Evangeliums sachgerecht sein, als für die unterdrückten und marginalisierten Kulturen und deren Befreiung zu optieren.

2. Innerhalb dieses Prozesses von Widerstand und Befreiung haben die christlichen Basisgemeinden ihren Ort. Sie sind Teil der sozialen Bewegung. Ihnen gelang es, die Vereinnahmung aufzubrechen, die die christlichen Kirchen in der kapitalistischen Ordnung zu erleiden haben. Im Laufe der Geschichte hatten sich die Kirchen, insonderheit die römisch-katholische, mehr auf die Interessen derer eingestellt, die für diese die große Mehrheit der Menschen marginalisierende Ordnung verantwortlich sind, als daß sie sich in die untergeordneten Schichten der Bevölkerung hineinbegeben hätten. Nach wie vor haben jene Christen, die sich – vermittels ihrer Bewegungen wie kirchliche Basisgemeinden, Bibelkreise, Gruppen für alternative Gesundheitspflege, Menschenrechte, besitzlose Bauern, Obdachlose, verrandete Frauen und andere mehr – im Sinne gesellschaftlicher Veränderungen engagieren, das große Verdienst, die Dimension der Befreiung in der Botschaft Jesu zugunsten der Unterdrückten unserer Wirklichkeit freigelegt zu haben.

3. In solchen Räumen ist die neue Evangelisierung bereits in Gang. Als neu erweist sie sich aus vielen Gründen: *Erstens* fußt sie in der Tat mehr auf dem *Evangelium* als auf einer bloßen und simplen Propagierung der ekklesiastischen Lehre; man liest das Evangelium gemeinsam in den Gruppen, deutet es in einer Atmosphäre des Gebetes und der Zusammengehörigkeit und lebt es in Auseinandersetzung mit den Problemen der Volkskultur. Hier erweist sich das Evangelium als Frohe Botschaft der Befreiung. Neu ist die Evangelisierung *zweitens* deshalb, weil ihr *Hauptsubjekt* (d. h. die sie Ausführenden) die Armen selbst sind; das Novum besteht dabei darin, daß die Armen nicht nur andere Arme, sondern – als Arme – die gesamte Kirche evangelisieren. *Drittens* ist sie neu, weil sie *neue Adressaten* hat: Volkskultur und Volksreligiosität, Schwarze, verrandete Frauen (Prostituierte), Straßenkinder, Behinderte, Land- und Obdachlose, Bewohner von Elendsquartieren. Als neu bezeichnen wir die Evangelisierung *viertens*, weil sie sich *neuer Methoden* bedient, auf der Linie der Pädagogik der Unterdrückten und der Erziehung als Praxis der Freiheit, wie wir sie von Paulo Freire her kennen; diesem christlichen Pädagogen zufolge treffen sich zu Erziehender und Erzieher, zu Katechesierender und Katechist in einem Pro-

zeß wechselseitigen Lehrens und Lernens und gegenseitigen Wissensaustausches; Grundlage sind die Erfahrungen, die jeder und jede macht und die in einer umfassenden Perspektive kritisiert und erweitert werden, so daß die verschiedenen Dimensionen der menschlichen Existenz zum Tragen kommen: Persönliches, Soziales, Verstand, Gefühlsleben, Kultur, Religion. Neu ist die Evangelisierung *fünftens* deshalb, weil sie *neue Inhalte* vermittelt – Inhalte, die sich aus der Verbindung des Glaubensdiskurses mit dem Diskurs der Unterwelt ergeben; dem liegt die Entdeckung zugrunde, daß in der biblischen Offenbahrung eine konstitutive Verbindung besteht zwischen dem Gott des Lebens, den Armen und der Befreiung, zwischen dem Reich Gottes, das von den Armen her anfängt, Wirklichkeit zu werden, der politisch-sozialen Dimension des Lebens und dem letzten Sinn der Geschichte, immer in dialektischer Spannung mit dem Anti-Reich, das sich gleichfalls in der Geschichte ausbreitet, Märtyrer fordert, den Namen Gottes manipuliert und die Menschen auf jede nur mögliche Weise unterdrückt. Als neu erweist sich die Evangelisierung *sechstens,* weil sie eine *neue Form des Kirche-seins* eröffnet: Fortan gelten Gemeinschaft, mögliche Mitwirkung aller, Aufteilung der Funktionen, neue Ämter und Charismata und eine neue, im Entstehen begriffene Gestalt des Christen und der Christin, die sowohl in der Gemeinde als auch in der Gesellschaft mit handeln, solidarisch mit den Unterdrückten sind und sich für soziale Veränderungen engagieren, welche ihrerseits auf eine neue Form des Zusammenlebens abzielen. Neu *siebtens,* weil sie eine *neue Spiritualität* schafft; diese zeigt sich in den gottesdienstlichen Feiern, in die neben den Geheimnissen des Glaubens auch die Kämpfe und Freuden der Gemeinde eingehen, in der Form, wie sich die Gläubigen politisch für die kollektiven Anliegen der Unterdrückten und Marginalisierten einsetzen, sowie in der sozialen Heiligkeit, deren Ausweis bezeugte Solidarität, Verfolgung und Martyrium ist. Neu ist die Evangelisierung schließlich *achtens,* weil sie ein neues *Verhältnis der Kirche zur Welt* aufbaut. Jetzt kommt es nicht mehr auf das Bündnis mit den Mächtigen an, sondern auf die Mitwirkung der unterdrückten Gruppen der Bevölkerung und die Unterstützung für sie; diese Kirche verteidigt die Rechte der Armen und schützt und fördert kompromißlos das Leben aller Gruppen, deren Leben bedroht ist: Menschen, die von ihrem Land vertrieben werden, Ureinwohner und andere Randgruppen. Die Vertreter der geltenden Ordnung in Lateinamerika wissen, daß sie in den Kirchen, die die vorrangige Option für die Armen ernst nehmen, einem kritischen, prophetischen Gegner begegnen, einem Verbündeten des organisierten Volkes und einem Vorkämpfer für die Befreiung, der eine neue, gerechtere Gesellschaft mit mehr Mitbestimmung und Beteiligung auf seine Fahnen geschrieben hat.

4. Die Evangelisierung Lateinamerikas stand unter dem Zeichen der Kolonisierung. So wie hier Handelsniederlassungen gegründet und die Strukturen der Metropole kopiert wurden, so entstand auch eine religiöse Struktur, die kraft ihrer selbst Glauben und Heil garantieren sollte. Im allgemeinen Verständnis der Missionare, das natürlich von der gängigen Theologie der Zeit geteilt wurde, mußte sich die Kirche zwangsläufig einen sichtbaren Status schaffen, weil sie in ihrer Sichtbarkeit das für das Heil notwendige Sakrament sei und alle ihr zur Verfügung stehenden Mittel in den Dienst der Bekehrten zu stellen habe. Das war das Entscheidende. Auf der Schaffung eines neuen Menschen, Mann wie Frau, lag der Akzent also nicht. Natürlich wollte man eine Bekehrung auch im Sinn einer Lebensänderung; doch war dies eine Aufgabe, die sich im wesentlichen jedem einzelnen und jeder einzelnen stellte. Wichtig war, daß das Mittel zu Heiligkeit und Heil allen hier institutionell angeboten war. Die neue Evangelisierung folgt einem anderen Weg: Ihr geht es weniger um den Aufbau religiöser Institutionen als vielmehr um das Heranreifen neuer Christen, die ihr Leben aus der trinitarisch-gemeinschaftstiftenden Kraft des Heils gestalten und sich ethisch an der Nachfolge Jesu und an den Inspirationen des Geistes orientieren. Der Weg dahin ist die Schaffung eines Christentums in Gemeinschaft. Hier begegnen sich die Menschen mit ihren Bedürfnissen und Möglichkeiten von Angesicht zu Angesicht. Dieses kommunitäre Christentum, Frucht der neuen Evangelisierung, stützt sich auf Menschen und deren Zeugnis, aber nur minimal auf Institutionen. Mithin hat es eher den Charakter einer Bewegung als den organisierter Macht. Und mithin steht es der Bewegung Jesu und der Apostel näher als den ekklesiastischen Strukturen, die ab dem 3. Jahrhundert aufgebaut wurden und die im hergebrachten, vom Klerus angeführten Christentum bis auf den heutigen Tag den Ton angeben. Die Verbindung der kirchlichen Basisgemeinden untereinander und

mit anderen sie begleitenden Bewegungen (Pastoral in Sachen Grund und Boden, Pastoral der Urbevölkerung, der Frauen, der Menschenrechte usf.) bildet konkret das Volk Gottes. »Volk Gottes« ist, als theologische Kategorie, fortan keine Metapher mehr, sondern beschreibt real ein feststellbares Phänomen: Das Volk Gottes, das Volk der Armen, das Netz untereinander verwobener Basisgemeinden ist in der Gesellschaft eine geschichtliche Realität und transportiert unter den Unterdrückten heute die befreiende Botschaft Jesu. Zusammen mit anderen Bewegungen bildet es den historischen Block, der eine neue Gesellschaft will.

5. Die neue Art des Kircheseins strahlt in die Gesellschaft aus. Das Anliegen ist Dienst und nicht Macht. Evangelisierung setzt heute, anders als in der Kolonialzeit, ja bis in die sechziger Jahre dieses Jahrhunderts, weder auf Verbindung zu den herrschenden Kräften in der Gesellschaft noch auf Beteiligung an der hegemonischen Macht. Aufgrund der Tatsache, daß die Kirchen überall mitmischten, konnten sie ein weitgespanntes Dach von Hilfseinrichtungen für die Armen aufbauen. Mild-tätigkeit, nicht Mit-tätigkeit war das Charakteristikum dieser Kirchen. Man kümmerte sich um die Nöte der Armen, erzog sie aber nicht dazu, sich aus ihrer Abhängigkeit zu befreien und zu gestaltenden Subjekten ihrer Situation zu werden. Dank dem Netz von Basisgemeinschaften lernt das Volk heute, Subjekt seiner Kirche und seiner sozialen Lage zu werden. Es lernt, die Geschichte aus dem Blickwinkel seiner Situation als Unterdrückte zu betrachten. Und schließlich lernt es, daß auch auf der Kehrseite der Geschichte ein Veränderungspotential liegt. Das wird den Menschen besonders dann deutlich, wenn sie dessen gewahr werden, daß Gott auf ihrer Seite steht und daß das Projekt Jesu eine ganzheitliche, also auch wirtschaftliche, politische, soziale, kurzum: kulturelle Befreiung beinhaltet.

6. Die befreiende Dimension der Evangelisierung erschließt sich nur dem, der dieselbe Position einnimmt wie Jesus, an der Seite der Letzten, auf der Rückseite der Geschichte. Die Kulturen evangelisieren heißt dann: bei den unterdrückten und verrandeten Kulturen ansetzen, von dortaus die Gründe dafür zu entdecken suchen, daß es überhaupt herrschende Kulturen gibt, und Schritte herausfinden, in denen die Botschaft des Evangeliums an diese herangebracht werden kann, so daß sie ihren un-

terdrückerischen Charakter verlieren und sich, zusammen mit anderen Kulturen, zu Kräften entwickeln, die am Aufbau einer Menschheit des Zusammenlebens mitwirken; Menschheit des Zusammenlebens schließt auch ein demokratisches Miteinander mit dem Kosmos ein, dessen Elemente wir als Brüder und Schwestern zu betrachten und zu achten haben.

7. Die Evangelisierung muß stets alle ansprechen. Doch damit ihr Charakter als Frohe Botschaft gewahrt bleibt und damit sie auf die Herausforderungen durch die Realität der unterdrückten Kulturen eingehen kann, muß sie grundsätzlich auf den Schutz von Leben und Kultur der Armen ausgerichtet sein. Natürlich dürfen die Kirchen den kulturellen Prozeß nicht hegemonisieren; sie müssen sich anderen sozialen Akteuren anschließen, welche dieselben Ziele anstreben und denselben oder ähnlichen Methoden folgen, im Bemühen um ein historisches Subjekt, das imstande ist, eine neue Gesellschaft herbeizuführen, in der alle besser, das heißt geschwisterlich leben können. Die Kirchen müssen ihren Beitrag zu einem Prozeß leisten, der sie geschichtlich und theologisch übersteigt; denn die neue Gesellschaft, an der es zu bauen gilt, hat mit dem heilsgeschichtlichen Entwurf Gottes zu tun und verweist auf sein Reich in dieser Welt. Die Christen sind nicht die einzigen, die auf dieser Baustelle arbeiten; zusammen mit anderen Söhnen und Töchtern Gottes stehen sie in demselben Licht, das allen Menschen leuchtet, sind von derselben Kraft beseelt, die alle bewohnt, und sind auf demselben Weg, der zum Vater führt.